自分も周りも幸せになる

植西聰

上機嫌のつくりかた

自由国民社

はじめに

世の中がますます慌《あわ》ただしくなったり、人間関係が複雑になっているからなのでしょうか、最近、不機嫌な顔をして暮らしている人が多いように感じます。

しかし、不機嫌にしていることは、その本人にとって不幸なことだと思います。

確かに、不機嫌になるのは、それだけの理由があるのでしょう。

恐らくは、思い通りにいかないことがあったり、我慢しなければならないことがあって、不愉快に思っているのでしょう。

しかし、そこで不機嫌にしていたら、その不愉快に思う感情は、その人の心の中でさらに大きくふくらんでいってしまうと思います。

「不機嫌」とは、そのような悪循環を生みやすいのです。

日々を明るく、楽しく、上機嫌で暮らしていってこそ、その人の人生はすばらしいものになります。

たとえ思い通りにいかないことがあったり、我慢しなければならないことがあったとしても、この人生を上機嫌で生きていくことは可能です。

私は「上機嫌のつくりかた」として、大切なことが三つあると考えています。

- **何があっても楽天的でいるように心がける。**
- **ポジティブに考え、積極的に行動する。**
- **身近な人たちと、温かい関係を持つ。**

不機嫌を生み出す原因の一つに、悲観主義があります。

「自分の人生には、もう、いいことなんてないだろう」と考えることです。

その悲観主義を捨て、何があっても楽天的でいるように心がけることが大切です。

「だいじょうぶ。自分は幸運に恵まれているのだから」と、楽天的でいることで日々、上機嫌に暮らしていけるのです。

マンネリ化した生活も、その人を不機嫌にします。

ですから、ポジティブシンキングによって、新しいこと、楽しそうなことに積極的にチャレンジします。
チャレンジ精神が旺盛な人は、いつも陽気に、上機嫌でいることができます。

また、身近な人たちとの、温かい、いい人間関係を保っていくことも大切です。
幸福感の基本は、やはり、人間関係の中にあるのです。
身近な人たちが上機嫌でいてこそ、自分も上機嫌でいられます。
ですから、身近な人たちの幸せを祈り、そのために努力します。
また、自分自身が上機嫌でいてこそ、身近な人たちも上機嫌になります。
ですから、まずは自分自身が上機嫌で暮らしていくように心がけるのです。

本書では、以上のような内容を、ポジティブ心理学や、偉人の名言などを踏まえながら解説していきます。

上機嫌のつくりかた

目次

第1章　「上機嫌でいる」と、いいことがたくさん起こる

第2章　上機嫌な人は、みんな楽天的な人でもある

第3章　あまり多くを望まず、自然体でいる

第4章　後悔することなく、機嫌よく生きる

第5章　積極的、好奇心旺盛に、喜んで生きる

第6章 人を上機嫌にすれば、自分が上機嫌になる

第7章　失敗しても悪口を言われても、上機嫌でいる

第8章　一日の生活の中で上機嫌でいる、こんなコツ

第9章　上機嫌な人が日々やっていること

第1章
「上機嫌でいる」と、いいことがたくさん起こる

人に好かれるもっとも簡単なコツは「上機嫌でいる」ことである

◇「上機嫌」は、どんな装飾品よりもその人を美しくする

「毎日を上機嫌で過ごす」

このように心がけることは、その人に多くの恩恵をもたらしてくれます。

たとえば、「人間関係が良くなる」ということが挙げられます。

上機嫌で明るい笑顔を見せ、楽しい話をたくさんしてくれる人のそばにいると、自分まで明るい気分になってくるものです。

ですから、上機嫌な人は、たくさんの人たちから好かれます。

反対に、いつもムスッと不機嫌な顔をしていたら、どうなるでしょうか。

不機嫌な人を見ていると、自分まで嫌な気持ちになってきてしまいます。

そんな不機嫌な顔をしている人に、親しく話しかけていく人もいないでしょう。

ですから、多くの人たちから好かれ、多くの人たちと楽しくつき合っていきたいのであれば、「いつも上機嫌でいる」ことを心がけるのが良いのです。

イギリスの作家であるサッカレー（19世紀）は、

「上機嫌でいることは、社交界において、最上の装飾品となる」

と述べました。

この言葉にある「装飾品」とは、高価なネックレスや、きれいな洋服といったもののことです。

サッカレーは、この言葉で、「そのような装飾品で身を飾るよりも、明るい笑顔で上機嫌でいるほうが、その人を美しく輝かせる」ということを述べているのです。

上機嫌でいることに、お金は要りません。

自分自身で「機嫌よくしていよう」と心がけ、その努力をするだけでいいのです。

それだけで、その人は、より美しい人になれます。

その結果、その人の周りには、いい人たちが大勢集まってきます。

上機嫌な人は、その場の雰囲気を明るく温かいものにする

◇多くの人たちは「明るく温かい場所」を好む

生き物は、総じて「日当たりのいい場所」が好きです。

たとえば、日当たりのいい場所には、たくさんの植物が美しい花々を咲かせます。

また、アフリカの草原の映像などを見ていると、よく動物が、日当たりのいい場所で気持ちよさそうに休息している光景を見ます。

もっと身近な場所では、日当たりのいい場所で居眠りをしているネコの姿を見かけることがあります。

植物も動物も、日当たりのいい場所が好きなのです。

日当たりのいい場所とは、言い換えれば、「明るく、温かい場所」です。

植物や動物ばかりではなく、人間もまた、そんな明るく温かい場所が好きです。

多くの人たちが明るく温かい場所に集まってきます。

ここで指摘しておきたいことが一つあります。

それは**「いつも上機嫌な人」こそ、その場の雰囲気を明るくする力がある、**ということなのです。

また、**「いつも上機嫌な人」は、その場に温かい雰囲気をもたらす、**ということです。

上機嫌な人は、笑顔と、やさしく包容力のある性格と、快活な話でもって、その場の雰囲気を明るく温かいものにします。

ですから、植物や動物が日当たりのいい場所を好むように、多くの人たちが「いつも上機嫌な人」を好きになります。

多くの人たちが、「いつも上機嫌な、あの人のそばにいたい」と思うようになるのです。

そして、上機嫌な人自身も、たくさんの人たちに囲まれて、幸せに楽しく生きていくことができるのです。

不機嫌でいると、ますます物事がうまくいかなくなる

◇どんな時も、仕事は上機嫌でやるのがいい

職場には、不機嫌そうな顔をして仕事をしている人がいる場合があります。

恐らくは、その人は、仕事が思うように順調に運んでいないのでしょう。

何か困った問題に直面して、どうやって解決すればいいのか、いい方法が見つからない状態にあるのかもしれません。

もちろん、物事がうまくいかない時は、機嫌が悪くなってしまうのは、人間の自然な心理なのでしょう。

しかし、不機嫌な顔をしていたからといって、問題を解決するいい方法は見つからないと思います。

むしろ、一層ストレスが溜まって、悲観的な気持ちになってくるのではないでしょ

うか。

物事がうまくいっている時ほど、大切なのは「上機嫌でいる」ということです。

自分で心がけて上機嫌でいることで、精神的に活性化します。

「がんばってやっていこう」というファイトが生まれるのです。

ドイツの作曲家であるワーグナー（19世紀）は、

「仕事をする時は上機嫌でやる。そうすれば仕事もはかどるし、体も疲れない」

と述べました。

ワーグナー自身、作曲という仕事で、うまくいかない時もあったと思います。

実際に、ワーグナーが若かった頃は、作曲した音楽がなかなか認められずに、生活費に困った時期もあったといいます。

しかし、困った状況にあっても、ワーグナーは「上機嫌でいること」を忘れなかったのです。

その結果、力強く仕事を進めることができ、成功を手にすることができたのです。

不運なことがあっても、上機嫌に振る舞うほうがいい

◇上機嫌でいると、不運に対して楽天的になれる

『幸福論』という著書で有名なフランスの哲学者に、アラン（19～20世紀）がいます。

彼は、「人が幸せに生きているコツは、いつも上機嫌でいることにある」という考え方を持っていました。

そして、『幸福論』の中で、

「すべての不運や、つまらぬ物事に対して、上機嫌に振る舞うことが大切だ。上機嫌の波は周囲の人たちに広がり、あらゆる物事を軽やかにするだろう（意訳）**」**

と述べました。

この言葉で大切な部分は、「不運や、つまらない物事に対して、上機嫌に振る舞う

こと」という点にあると思います。

不運なことがあると、人はついつい不機嫌になりがちです。つまらないことばかりが起こる時も、やはり機嫌が悪くなってしまうものです。そのために怒りっぽくなって、近くにいる人に八つ当たりをすることもあります。どうでもいいようなことに、つべこべと文句を言うこともあるかもしれません。

しかし、不機嫌になりそうになる、そんな時こそ「上機嫌に振る舞うことが大切だ」とアランは指摘しているのです。

なぜなら、上機嫌でいることが、「物事を軽やかにする」からです。

「物事を軽やかにする」とは、言い換えれば、「楽天的な気持ちで軽く受け流すことができる」ということです。

不運なことがあっても、つまらないことが続いても、「この経験が、これからの人生で役立つこともあるだろう。だから、いつまでもメソメソしていないで、前向きに生きていこう」と、上手に気持ちを切り替えることができるのです。

気がかりなことがあると、生きる力が弱まってしまう

◇上機嫌でいることが、心から重荷をはずしてくれる

「気がかり」という言葉があります。

心配事や悩み事を言い表す言葉です。

「あのことが気がかりで、夜も眠れない」といった言い方をします。

つまり「気がかり」とは、「気《き》」に、何か重たいものが引っかかっている状態なのです。

ところで「気《き》」とは何なのでしょう。

色々な解釈の仕方があると思いますが、わかりやすく言えば、「人間が持つ根源的な生きる力」と理解できると思います。

そして、「気がかり」とは、この根源的な生きる力に、心配事や悩み事という重た

いものが引っかかって、生きる力が弱まっている状態とも言えるでしょう。

ここで考えなければならないことは、生きる力が弱まれば、それこそ心配事や悩み事を乗り越えていく力自体が弱まっていく、ということなのです。

したがって、心配事や悩み事をいつまでも引きずったまま生きていくことになります。

心配事や悩み事が生じた時、まず大切なのは、根源的な生きる力を活性化させることです。

生きる力があってこそ、心配事や悩み事を逞《たくま》しく乗り越えていくことができます。

そして、**生きる力を活性化させるために効果的なのが、「上機嫌に振る舞う」ということ**なのです。

気がかりなことがある時こそ、自分で意識して上機嫌に振る舞うようにすることで、心から重荷がはずれ、前向きに、意欲的に行動できるようになります。

「不機嫌」は、周りの人たちに対する「罪」である

◇自分が不機嫌でいると、周りの人たちも嫌な気持ちになる

ドイツの文豪であるゲーテ（18～19世紀）は、

「人間にとっての最大の罪は、不機嫌でいることである」

と指摘しました。

何か思い通りにならないことがあったとします。

気分的には、もちろん、機嫌が悪くなるでしょう。

それは人間心理の自然な反応の仕方です。

しかし、そこで不機嫌な顔を続けていれば、周りの人たちも嫌な気持ちになります。

たとえば、家庭で、母親が不機嫌な顔をしていたら、子供たちも嫌な気分になってしまうでしょう。

職場で上司が不機嫌そうな顔をしていたら、部下たちもネガティブな気持ちになってしまうのではないでしょうか。

不機嫌でいることは、その本人のためにも良くありませんが、それ以上に周りの人たちにも悪い影響を与えてしまいます。

ですから、ゲーテは、「不機嫌とは、罪だ」と指摘したのです。

親であれば、子供たちには、いつも明るく陽気に元気一杯であってほしい、と願うはずです。

また、職場の上司であれば、部下たちには、前向きな気持ちで仕事に全力投球してほしい、と思っているはずです。

そして、そういう願いがあるとすれば、まずはその本人（親や上司）が上機嫌でいることを心がけることが大切です。

上機嫌は、周りの人たちに良い影響をもたらします。

その人自身が上機嫌でいれば、周りの人たちも元気になります。

「何があっても上機嫌に笑っている」という生き方がいい

◇上機嫌でいると、いい意味での相乗効果が生まれる

上機嫌でいることには、いい意味での相乗効果があります。

みずから意識して上機嫌に振る舞うことで、どんどん気持ちが前向きになっていきます。

何をするにしても積極的に、楽しい気持ちで取り組んでいけるようになるのです。

アメリカの心理学者であるウィリアム・ジェームズ（19～20世紀）は、**「楽しいから笑うのではなく、笑うから楽しくなる」**と述べました。

もちろん、楽しいことがある時には、人が笑顔になるものでしょう。

この言葉の重要な点は、むしろ後半部分にあります。

ウィリアム・ジェームズは、後半の「笑うから楽しくなる」という言葉で、

「多少辛いことがあっても、苦しい状況があっても、不機嫌な顔をしているのではなく、上機嫌に笑っているほうがいい。笑うことで、心が楽になる。苦しい状況であっても、それを乗り越えていけば、楽しい人生が待っている」ということを伝えたかったと思います。

つまり、**「人生では、どんな状況にあっても、上機嫌に笑っていられる心の余裕を持っておくことが大切だ」**ということです。

そして、この「何があっても上機嫌に笑っていこう」ということを心がけていくと、日々の生活がどんどん楽しくなっていきます。

それが「上機嫌でいることの相乗効果」です。

もちろん人生において、多くの苦難が待ち受けているのは事実です。

しかし、だからといって、不機嫌な顔ばかりしていたのでは、充実した人生にはつながりません。「上機嫌」を心がけることで、笑いながら苦難を乗り越えていくほうがいいと思います。

「上機嫌に笑う」ことには、たくさんの良い影響がある

◇上機嫌に笑いながら、健康的な日々を積み重ねる

「いつも上機嫌な人」とは、言い換えれば、「いつも明るく笑っている人」だとも言えます。

また、「上機嫌に笑う」ということが、その人の肉体面、精神面にとても良い影響をもたらしてくれることが科学的にわかっています。

それを箇条書きに列挙すれば、たとえば次のようなことです。

【肉体面での良い影響】

・免疫力が高まる。

・自律神経のバランスが良くなる。

・血行が良くなる。

【精神面での良い影響】

・ストレスが軽減される。
・気持ちが前向きになる。
・脳の働きが活性化する。
・幸福感が高まる。

また、この他にも様々な良い影響があることがわかってきているようです。

このような意味から言えば、**日常生活の中で「上機嫌で笑う」ということを習慣にするのが良い**と思います。

そうすることで、日常生活の質がグンとアップするのです。

人生というのは、日々の生活の積み重ねです。

明るい気持ちで、陽気に、そして健康的に、上機嫌な日々を積み重ねていくことができれば、その人の人生は結果的に、とてもすばらしいものになっていきます。

上機嫌な人は、自分の感情をコントロールするのが上手い

◇感情に流されがちな人ほど、不機嫌な態度になる

「いつも上機嫌でいる」ということは、ある意味、「感情をコントロールする精神力を養う」ということにつながります。

何か不満に思うことがあったとしましょう。

その時、感情に流されやすい人は、露骨に不機嫌な態度を示してしまいがちです。場合によっては、態度に表すだけではなく、誰かに「どうして、こんなことになるんだ」と不満を述べてしまうことになるかもしれません。

しかし、そのような「露骨な不満の表明」は、周りの人たちとの人間関係を悪くする原因にもなりかねません。

また、周りの人たちから「あの人は自分本位な性格の人だ」と見なされ、評価を下

げる原因にもなります。

ですから、たとえ不満に思うことがあっても、そこで露骨に不機嫌な態度を表明しないほうがいいのです。

一方で、「いつも上機嫌でいる」ということを心がけて暮らしている人は、そのような失敗はしません。

不満に思うことがあっても、このタイプの人は感情に流されることなく、それを受け流すということができます。

たとえ**不満なことがあっても「上機嫌でいる」ということを忘れない**からです。

また、**もし不満に思うことを表明するにしても、周りの人たちとの人間関係が悪くならないように配慮しながら、温和な態度で「こうしてほしい」と訴えることができる**のです。

感情をコントロールする力を養うことは、社会生活を営む上で重要です。

その精神力をつける練習として「上機嫌でいる」ことを心がけるのがいいのです。

シビアな世の中を「レジリエンス力」で乗り切る

◇「上機嫌でいる」ことが、その人の心を鍛える

ポジティブ心理学に、**「レジリエンス」**という言葉があります。

この「レジリエンス」には、「精神的回復力」という意味があります。

手痛い失敗をした時、その人はひどく落ち込むことになるでしょう。

そして、落ち込んだ気持ちを長く引きずってしまう人もいるかもしれません。

その結果、どんどん不機嫌になっていき、世の中を恨むようになる人も出てくる可能性があります。

しかし、それは、この「レジリエンス」の力が弱い証《あか》しなのでしょう。

仮にレジリエンス力《りょく》と呼んでおきますが、この力が強い人は、落ち込むことがあっても、すぐに立ち直ることができます。

そして、「こんなことで負けてはいられない」と気持ちを切り替えて、また前を向いて力強く行動を起こすことができるのです。

このシビアな世の中を逞《たくま》しく生き抜いていくためには、このレジリエンス力を見につけておくことが非常に重要になってきます。

では、どうすればこのレジリエンス力を強めることができるのかといえば、それは**日頃から「どんなことがあっても上機嫌でいる」ということを心がけ、そして実践していく**ことなのです。日々の生活の中で、

「落ち込むことがあっても、上機嫌」

「辛いことがあっても、上機嫌」

「苦しくたって、上機嫌」

ということを実践しながら暮らしていくことで、逆境をはねのける力が鍛《きた》えられていきます。

その結果、レジリエンス力が身につき、逞しい人間に生まれ変わっていくのです。

第2章

上機嫌な人は、みんな楽天的な人でもある

楽天的でいることで、人生は「明るい」ものになる

◇悲観的な人ほど、いつも不機嫌な顔をしている

「いつも上機嫌でいる」ための大切なコツに、「楽天的でいる」ということが挙げられます。

物事を必要以上に心配することなく、悲観的になって思い詰めたりせずに、「すべてのことは最終的にはうまくいくはずだ」と信じて、前向きに、ポジティブに生きていくようにするのです。

そのような楽天的な精神があるからこそ、いつも機嫌よくしていられるのです。

将来を心配しすぎて悲観的になっていけばいくほど上機嫌から遠ざかり、不機嫌になっていくばかりでしょう。

アメリカの著述家として数多くの成功哲学の本を書き、また牧師としても活躍した

人物にジョセフ・マーフィー（19～20世紀）がいます。彼は、

「楽天家の人生は楽しい。悲観主義者の人生は暗い」

と指摘しました。

この言葉にある「人生は楽しい」とは、まさに「上機嫌で暮らしていける」ということでしょう。

そして、そのために大切なのは「楽天家になること」、つまり「物事を楽天的に考えていく心の習慣を持つこと」だと、マーフィーは述べているのです。

反対に、物事を悲観的にばかり考えてしまう人は、「人生が暗くなる」ようです。

つまり、不機嫌な顔をして暮らしていかなければならない、ということです。

もちろん人生には心配事も悩み事もたくさんあるでしょう。

しかし、「心配しすぎない」「悩みすぎない」ということが大切です。

そして、**心のどこかで「どうにかなる。必ず将来はうまくいく」と信じておく**ほうがいいのです。

上機嫌で陽気に笑っていれば、貧乏神が逃げていく

◇苦しくても上機嫌でいると、運気が上がっていく

歌手、そして俳優として活躍している人物に武《たけ》田《だ》鉄《てつ》矢《や》さんがいます。

彼は、若い頃はまったく売れませんでした。

収入も食べていくのがやっとです。

貧乏生活に心が折れそうになって、実家に帰って母親に悩みを打ち明けました。

すると、母親は、「わっはっは」と大声で笑い出したと言います。

そして、彼にも、「おまえも一緒に笑え」と言ってきました。

彼が不思議に思い、母親に、「俺は今、生活に困って悩み事を相談しているっていうのに、どうして笑わないといけないんだ」と言い返しました。

すると、その母親は、**「おまえには貧乏神が取り憑《つ》いている。しかし貧乏神という**

のは、上機嫌で陽気に笑っている人間が大っ嫌いだ。だから私と一緒に笑っていれば、おまえから貧乏神が逃げて行って、やがて運気が高まる」と、彼に教えました。

彼は「なるほど」と納得し、その夜は一晩中、母親と陽気に笑い転げていたといいます。

この話に出てくる母親は、とても楽天的な人だったのでしょう。

また、彼自身も、母親と一緒に笑っているうちに、気持ちが楽天的になっていきました。

その後、武田鉄矢さんは、「お金がないからって不機嫌な顔をしているのではなく、とにかく、できるところまで元気一杯がんばろう」と、前向きに考えることができるようになったのです。

その結果、彼の歌は人気が出て、そして売れっ子の歌手になることができたのです。

上機嫌に笑うことで、その人は絶望から救い出される

◇強い人は、陽気に笑って「生き抜く力」を養っている

オーストリアの精神科医であり、また心理学者だった人物に、ヴィクトール・フランクル（20世紀）がいます。

彼は学生時代、アドラー、フロイトから精神医学を学んだ人でもあります。

彼は、ユダヤ系のオーストリア人でした。

そして第二次世界大戦中に、ヒトラーが率いるナチスによって、アウシュビッツ収容所に強制収容されるという過酷《かこく》な経験をしました。

彼は幸いにして、収容所から生還しました。

そして、戦後、アウシュビッツ収容所での体験を、『夜と霧』という本にまとめたのです。

その『夜と霧』の中で、フランクルは、**「ユーモアは、自分の命と心を維持していくための闘いにおける、心の武器である**（意訳）**」**という意味のことを述べています。

アウシュビッツ収容所という過酷で残酷な環境の中で、彼は何度も心が折れそうになったそうです。

しかし、そのような状況でも、彼はユーモアを忘れなかったのです。

そこに収容された仲間たちとユーモアを言いあって楽天的に、上機嫌で笑いあう、ということをしていたのです。

そして、その「笑い」から生まれる力を、生き抜いていくための「心の武器」にしていたのです。

「陽気に笑う」ということは、このように、人を絶望から救い出す「生きる力」にもなりえます。

苦しい時に上機嫌で笑うことができる人は、生きる力の強い人なのです。

楽天的な女性は、夫に先立たれても その後長生きする

◇悲観的な気持ちでいると、寿命が短くなる

一般的に、夫婦においては、夫が妻に先立たれると、夫も妻の後を追うようにして亡くなってしまうケースが多くあるようです。

アメリカの研究では、妻に先立たれた夫は、平均寿命に達するよりも早く亡くなってしまう可能性が30パーセントほど高くなる、という調査結果が出ているそうです。

一方で、一般的に夫に先立たれた妻はといえば、その後、長生きするケースが多いようです。

男女によって、どうしてこのような差が出てしまうのかと言えば、その理由の一つには精神面への影響があるといわれています。

男性の場合、妻に先立たれてしまうとガクッと気落ちして悲観的な気持ちになって

しまうことがあるようです。

「妻がいない世の中で、私はどうやって生きていけばいいのだろう。自分の人生には、もう何の楽しみもない」という気持ちにさせられるようです。

妻が生きていた時分には亭主関白《ていしゅかんぱく》だった人も、いざ妻がいなくなってしまうと、とたんに気が弱くなって悲観的になる人もいるのです。

そして、その悲観的な気持ちが肉体を弱らせて、後を追うようにして亡くなる、ということになりがちなのです。

一方で妻はと言えば、もちろん夫に先立たれれば悲しい気持ちになると思いますが、その後上手に気持ちを切り替えて、**「せっかく生きているのだから、残された人生を大いに楽しもう」**と楽天的に考えられる人が多いようです。

そして、この楽天的な発想が、その女性の寿命を延ばすらしいのです。**楽天的に考えることで、その後の人生が上機嫌なものになる**ということです。

「楽天的に楽しむ」という気持ちを持つことで、実力が伸びていく

◇不機嫌な顔をしている人は、プレッシャーが重荷になっている

スポーツ競技を見ていると、「この選手は、上機嫌でスポーツを楽しんでいるなあ」という印象を持つことがあります。

一方で、選手によっては、「この人は、どうして不機嫌そうな顔をして競技をしているのだろう」と思うこともあります。

不機嫌そうな選手は、きっと、強いプレッシャーを感じているのではないでしょうか。

「勝たなければならない」「いい成績を残さなければならない」といった強いプレッシャーです。

しかし、あまり強いプレッシャーを感じすぎることは、かえって「実力を発揮でき

なくなる」ということにつながりやすいともいわれています。

ポジティブ心理学の調査で、次のようなことがわかりました。

大学の競泳の選手たちを調査対象にして、「プレッシャーを感じやすいタイプ」と「楽天的なタイプ」のグループに分けて、競泳の記録がどのように伸びていくかを調べたのです。

その結果、プレッシャーを感じやすいタイプの選手は、競技での記録はあまり伸びていきませんでした。

一方で、「とにかく競技を楽しんでやろう」と楽天的に考えることができる選手は、競技での記録を大きく伸ばしていった、というのです。

つまり**「楽天的でいること」「上機嫌でいること」が、その人の実力を飛躍させる原動力になる**、ということなのです。

今、「実力を存分に発揮できない」ということに悩んでいる人がいるとしたら、参考にできる話だと思います。

「結果にこだわる」よりも「今を楽しむ」を心がけるほうがいい

◇「結果へのこだわり」が、下手なプレッシャーを生み出す

人には「結果にこだわる」というタイプと、「今を楽しむ」ということに重点を置くタイプと、二種類いるのではないでしょうか。

たとえば、職場でも、

「仕事とは、結果を出さないと何の意味もない。とにかく業績という具体的な結果を出すことが何よりも大切だ」という人がいる一方で、

「私は、結果のことを気にするよりも、今日やること、今やるべきことに集中したい。今やっている仕事を楽しんでこなしていけば、結果はおのずとついてくる」と考える人もいます。

この二つの考え方の、どちらが正しいのでしょうか。

色々な意見があると思いますが、ストレスを溜めないという観点から言うと、「今に集中する。今を楽しむ」という考え方を優先させるほうが賢明ではないかと思います。

もちろん仕事では「結果を出す」ということは重要なのでしょう。

しかし、あまり結果を出すことばかりにこだわると、それが強いプレッシャーになる場合もあります。

「このままではダメだ。どうしても結果を出さなければならない」というプレッシャーが、かえって精神的な負担になって集中力を失う結果になる場合もあります。

そういう意味では、**結果にばかりこだわるのではなく、少し楽天的な気持ちになって「今やるべきことを上機嫌になって楽しんでやっていれば、結果はついてくる」と考えて仕事を進める**ほうがいいと思います。

そうすることで、下手なプレッシャーから解放されます。

その結果、自分が持っている実力を十分に発揮して、実際には、そのほうがいい結果を得られる場合が多いのではないでしょうか。

「反省除去」によって、もっと上機嫌で暮らしていけるようになる

◇「反省しすぎ」の人は、気難しい顔になっていく

うまくいかなかったこと、失敗したことを「反省する」ということは、とても大切だと思います。

反省することで、それを教訓にして、より良い人生を築いていくことができるからです。

しかし、「反省しすぎる」ということには注意が必要です。

必要以上に反省しすぎると、自分のダメなところばかりが強く意識されるようになり、そのために上機嫌で楽しく暮らしていくことが難しくなります。

自己嫌悪に陥《おちい》って、心には苦悩が満ちあふれることになります。

ポジティブ心理学には、**「反省除去《はんせいじょきょ》」**という言葉があります。

文字通り、『反省する』という意識を心から除去する」ということです。

わかりやすく言えば、**「反省するのをやめる」**ということなのです。

そうすることで、心が楽になり、いい人生を実現できる、とポジティブ心理学は説くのです。

反省することは大切だという考え方がある一方で、世の中には、実際には、反省をしすぎるために、いつも気難しい顔をして過ごしている人も多いかもしれません。

そのようなタイプの人は、せっかくの人生を十分に楽しんでいない、とも言えるのではないでしょうか。

したがって、反省しすぎるタイプの人は、ポジティブ心理学が説く「反省除去」という考え方を参考にするのがいいでしょう。

そうすることで、楽天的に、上機嫌で日々の生活を楽しんでいけるようになると思います。

反省するよりも、もっと大切なものがある

◇前向きに考えるからこそ、上機嫌でいられる

その時々の有名人や、活躍している人を呼んで対談をする人気のテレビ番組があります。

その番組で、もう50年近く司会を務めているのは、黒《くろ》柳《やなぎ》徹《てつ》子《こ》さんです。

彼女がなぜそれほど長く番組の司会を務められたかというと、それには一つのコツがあると言います。

それは、**「反省しない」**ということなのだそうです。

もちろん番組の中で、うまくいかないこともあります。

しかし、それでも彼女は「反省しない」ということを決めているのです。

なぜかと言えば、下手に反省すると、考え込んでしまったり、気持ちが落ち込んで

しまうからです。

そうすれば、次のゲストを番組に迎えた時に、不機嫌な態度が出てしまうかもしれません。

そうなれば、ゲストの方に失礼なことになってしまいます。

それが、彼女の「反省しない理由」だといいます。

また、番組のスタッフが失敗したとしても、「反省なんてしなくていいのよ」と言い聞かせるそうです。

彼女は、**反省することよりも大切なことがある**と考えています。

それは、より良い番組を作るにはどうすればいいか、ということを前向きに考えることなのです。

そのような前向きな気持ちがあってこそ、次のゲストを上機嫌で迎えることができます。

そして、彼女自身が上機嫌でいることで、ゲストも上機嫌で話をしてくれるのです。

起こるかどうかわからない心配事など、捨ててしまうのがいい

◇心配事の80パーセントは、実際には起こらない

心に心配事があると、上機嫌で明るく前向きに暮らしていくのが難しくなります。

むしろ、心配事が心の重荷になって、不機嫌な気持ちで過ごしていかなければならなくなります。

この「心配事」について興味深い研究があります。

アメリカの大学で、次のような心理学の調査が行われました。

まず、調査に協力してもらった人たちに、「今、何か心配事がありますか？」と尋ねてみました。

すると、多くの人たちが、何らかの形で「心配事がある」と答えたと言います。

さらに、「では、その心配事とは具体的に、どのようなものですか？」と聞きまし

た。

すると驚いたことに、約80パーセントの人たちの心配事とは、「今実際には起こっていないこと」「将来、こうなったら、どうしよう」といった種類の心配事であることがわかった、というのです。たとえば、

「今は健康だが、この先、病気にかかることになったら、どうしよう」

「生活に困っているわけではないが、人生では何が起こるかわからない。まさか、ということがあったら大変だ」

といった未来の心配事に、多くの人たちが悩まされていることがわかりました。

しかし、**今現在、現実的なものではない心配事、将来的にも起こるかどうかわからないような心配事に振り回されて、不機嫌な顔をして暮らしていくのは不幸なこと**ではないかと思います。

したがって、**そのような未来の心配事は心から捨て去って、楽天的に「今を楽しむ」ということを心がける**ほうがいいと思います。

それでこそ、上機嫌で暮らしていけるのです。

取り越し苦労をするよりも、自分が楽しく暮らすことを優先する

◇あなたが心配している人は、実は幸せだったりする

「取り越し苦労」という言葉があります。

この言葉は、「実際にはどうなるのかわからないことを、自分勝手にあれこれ想像して無駄な心配をすること」という意味を表しています。

次のような話があります。

ある母親の娘が、アメリカ人と結婚することになりました。

娘は結婚後、すぐにアメリカへ渡って、アメリカの地で夫との生活を始めたといいます。

母親は、遠くで暮らす娘のことが心配でなりません。

「住み慣れない町で苦労しているのではないか」

「頼りにできる人がいない外国の町で、孤独を感じているのではないか」

「外国人である夫との生活は、うまくいっているのだろうか。ケンカばかりしているのではないか」

といったことが気がかりで、夜もよく眠れない状態になりました。

そこで、その母親はアメリカに行って、じかに娘の生活している様子を見に行くことにしたのです。

すると、思いのほか、娘はとても幸せそうに生活していることがわかりました。

母親は、「とんだ取り越し苦労をしてしまった」と反省し、日本に帰国してからは、娘のことを心配するよりも、まずは自分が楽しく上機嫌に暮らしていくことを優先することにしました。

この事例のように、身近な人のことが心配でならないという時もあるでしょう。

しかし、取り越し苦労をするのではなく、「きっと幸せにやっている」と楽天的に考えて、それよりも**自分が上機嫌に暮らしていくことを考える**ほうが賢明だと思います。

「今を上機嫌に過ごす」ということだけ考えて暮らしていく

◇後悔と不安が、その人を不機嫌にしていく

オーストリアの精神科医であり、また心理学者としても活躍した人物に、アルフレッド・アドラー（19～20世紀）がいます。彼は、

「楽観的であれ。過去を悔やむのではなく、未来を不安視するのでもなく、今現在の『ここ』だけを見ることが大切だ」

と述べました。

過去の失敗をいつまでも悔やみ続けているのでは、自分の人生を楽しむことなどできません。

未来のことを不安に思うことも同様です。そのように考えていると、楽しいものであるはずの人生を台無しにしてしまうのです。

ですから、アドラーはこの言葉で、「楽観的であれ」とアドバイスしているのです。そして、さらに「今現在の『ここ』だけを見ることが大切だ」と指摘します。

この言葉は、言い換えれば、「今現在を上機嫌で楽しく過ごすためには、どうすればいいか」ということを考え、それを実践していくことが大切だ、という意味を表しているように思います。

逆の言い方をすれば、過去への後悔や、未来への不安といったものは、今の自分から上機嫌を奪い取ってしまいます。

後悔や不安という感情にとらわれている人は、むしろ、どんどん不機嫌になっていくばかりでしょう。

ですから、朝も、仕事中も、友人に会っている時も、いつもいつも楽天的にものを考え「今を上機嫌で過ごす」ということを心がけていくほうが良いと思います。

上機嫌でいることは自分自身のためでもありますし、また、周りの人たちも幸せな気持ちにすることになります。

第3章

あまり多くを望まず、自然体でいる

欲を少なくして満足することが、機嫌よく暮らしていくコツ

◇不満ばかり言っていたら、不機嫌になっていくばかり

「いつも上機嫌な人」というのは、言い換えると、「欲の少ない人」であるとも思います。

仏教には**「少《しょう》欲《よく》知《ち》足《そく》」**という言葉があります。

この言葉には、「あまり多くのことを望まず、欲というものを少なくして、今あるものに満足することを知る」という意味があります。

日々を上機嫌に過ごしていくためには、この「満足することを知る」ということを大切にする必要があります。

今の生活に満足しているからこそ、上機嫌でいられるからです。

「収入が少ない」
「こんな町では暮らしたくない」
「今の地位には満足できない」
などと不満だらけになっている人が、上機嫌でいられるわけがないのです。

逆に、そういう人はいつも不機嫌な顔をして暮らしていかなければならないでしょう。

したがって、「現状に満足する」ということを心がけることが必要になります。

それが上機嫌で暮らす大切なコツになるからです。

そして「現状に満足する」ためには、「欲を少なくする」ということが大切です。

仏教の創始者であるブッダ（紀元前5～4世紀）は、

「満足と感謝が、この上ない幸せを作り出す（意訳）**」**とも述べています。

現状に不満を述べるのではなく、「なんて、ありがたいことだ」と感謝するのです。

感謝することで、心の中に満足感が広がっていきます。

その結果、上機嫌で暮らしていけるようになります。

さらに多くのことを望むと、災難をこうむる結果になる

◇今の暮らしに感謝し、満足する心の習慣を持つ

イソップ物語に『王様をほしがるカエル』という話があります。

ある池に、たくさんのカエルが住んでいました。

その池は、清らかな水で、しかも食べ物がたくさんありました。

しかし、カエルたちは、それに満足できなかったのです。

カエルたちは、「人間の世界には、王様がいる。しかし、この池には王様がいない」という不満を心に抱いていたのです。

そこでカエルたちは、全能の神ゼウス神のところへ行って、「私たちに、王様をください」と頼みました。

ゼウス神は、その願い事にあきれて、カエルたちに「これが王様だ」と言って、一

本の棒切れを与えました。

カエルたちは「王様」という存在がいることは知っていましたが、実際に王様を見たことがなかったので、王様がどんなものか知りませんでした。

しかし、棒切れが王様だと言われても満足できず、カエルたちはまた日を変えてゼウス神のところへ行くと、「王様を別のものに取り換えてください」と頼みました。

ゼウス神はますますあきれ果ててしまい、「ならば、これに王様を取り換えてやろう」と、カエルたちに大蛇《だいじゃ》を与えました。

カエルたちは、その大蛇にみんな呑《の》まれてしまったのです。

この話は、**満足することを知らずに、欲張ったことをしていると、結局は自分自身が災難にあう**、ということを教えています。

きれいな水をたたえる池があり、そこにたくさんの食べ物があったのであれば、「ありがたいことだ」とそれに感謝し、満足して暮らしていけばよかったのです。

そうすれば、カエルたちは日々、上機嫌でいられたでしょう。

それができなかったことが、カエルたちに悲劇をもたらしたのです。

欲を無くすのではなく、欲を上手にコントロールする

◇不平不満を口にすればするほど、自分が不幸になっていく

多くの人は、金銭欲や物質欲というものを完全に無くすることはできないでしょう。

しかし、「欲のままに生きる」という生き方は良くありません。

そのような生き方は、その人自身を不幸にしてしまう可能性もあるからです。

人間にとって大切なのは、「欲を上手にコントロールする」ということだと思います。

仏教には、まさに**「少欲《しょうよく》」**という言葉があります。

「欲を少なくする」とは、言い換えれば、「欲を上手にコントロールしていく」ということなのです。

一般的に、自分で自分の欲をコントロールするという意識を持たないと、人間の欲

というものはどんどんふくらんでいく傾向があるようです。そのために、今現在の現実と、自分が望んでいるものとの格差が大きくなっていきます。

その格差のために、不平や不満といったものが生じます。

そして、この不平不満が、その人から上機嫌を奪います。

不平不満が、その人を不機嫌にしていくのです。

アメリカの牧師であるジョセフ・マーフィー（19〜20世紀）は、

「不平不満は不幸を呼ぶ呪文である」

と指摘しました。

いつも不機嫌な顔をして、口を開けば不平不満を言っているような人の人生は、確かに「不幸」であると思います。

上機嫌で幸福な人生を過ごしたければ、自分の欲を上手にコントロールしていく心の習慣を持つことが大切です。

欲をコントロールできる人が、いつも上機嫌でいられる

◇望んでいるものでも、たくさんありすぎるとありがたみがなくなる

経済学に、「限界効用逓減《げんかいこうようていげん》の法則」という言葉があります。

この言葉は、わかりやすく要約して言えば、**「人間には、いくら望んでいるものであっても、あまりに多くのものを得ると、その満足度が低下していく」**という心理傾向があるということを意味しています。

たとえば、砂漠に、喉《のど》がカラカラに渇いている人がいたとします。

その人は、一杯の水を飲む時、その水を大変美味しく感じることでしょう。

しかし、二杯、三杯と水を飲み続けていくうちに、水を美味しく感じられなくなっていきます。

欲をコントロールしていくことがなぜ大切なのか、その理由をわかりやすく言うと、

人間にはこのような心理傾向があるからです。

「たくさんの水を飲みたい」という思いがあったとしても、それを我慢して一杯か二杯にしておくのです。

この**「我慢する」**という言葉には、実は、**「我《われ》、満足する」**という意味があります。

つまり、一杯か二杯の水で我慢することによって、幸せな満足感が生まれるのです。

日常生活の中で、わずかなモノに囲まれて質素に暮らしていても、いつも上機嫌で笑っている人がいます。

そんなタイプの人は、わずかなモノであっても「我、満足する」ことによって、質素な生活で「我慢する」ことをよく心得て生活している人なのでしょう。

上機嫌でいられるかどうかは、その人の心のあり方の問題なのです。

成功するために努力すること自体を、上機嫌で楽しんでいく

◇「辛い、苦しい」だけでは、その努力は長続きしない

フランスの哲学者であるアラン（19～20世紀）は、

「成功して満足するのではない。満足していたから、成功したのである」

と指摘しました。

今、成功を求めてがんばっている人もいると思います。その中には、「成功することができれば、収入的にも、地位や栄光についても、満足のいく生活ができる。だから、今は満足できる生活ではないが、とにかく成功するまでは、どんなに辛くても、苦しくてもがんばっていく」という考えを持っている人もいるかもしれません。

確かに、成功するまで忍耐力を持って努力していくことは非常に大切なことだと思

います。

しかし、どんなにやる気があるとしても、「辛い、苦しい」だけではその努力は長続きしないのではないでしょうか。

途中で、耐え切れなくなって、心が折れてしまう人もいるかもしれません。

成功へ向かって、忍耐強く努力を続けることは大切です。

しかし、そのためには、「その努力を上機嫌で楽しむ」という意識を持つほうが賢明だと思います。

そのほうが、努力が長続きするでしょう。

また、「今の生活が不満だから、成功したい」と考えるのではなく、**「今の生活にも満足しているが、さらなる夢を追いかけたい」というように、肯定的な考え方をする**ほうがいいと思います。

今現在の生活と、そして夢に向かってやっている努力の双方を、上機嫌で満足していけば、自然と成功が手に入る……というのがベストです。

そういう意味のことを、アランは、この言葉で教えています。

自分への欲求水準が高いと、不機嫌になっていく

◇自分に過度の期待を寄せるのはなく、自然体で生きていく

「よりすばらしい人間になりたい」という向上心を持って暮らしていくことは、とても大切です。

しかし、自分自身への欲求水準が高すぎると、それが「不機嫌」の原因になってしまう場合があるので注意が必要です。

「欲求水準」とは心理学用語ですが、この言葉には**「『こんな人間になりたい』という自分への期待感の目安」**といった意味があります。

たとえば、「私は、非の打ちどころのない完璧な人間になりたい」という望みを抱いている人がいるとします。

しかし、「非の打ちどころのない完璧な人間」という欲求水準は少々高すぎると思

います。

人間ですから、誰にでも欠点や劣っている部分があります。

「非の打ちどころのない」という人間など、実際には存在しないでしょう。

しかし、そのような高い欲求水準を抱えると、理想の自分と現実の自分の間に大きなギャップが生じます。

そのために自分自身に不満を感じるようになってしまうのです。

そして、それが「不機嫌」の原因になります。

言い換えれば、**日々上機嫌で楽しく暮らしていくためには、自分への欲求水準を少し下げてあげる**必要があります。

少々の欠点や、劣っている部分があっても、そんな自分を大らかな気持ちで受け入れて、無理のない、自然体な生活を心がけるのです。

そのほうが、機嫌よく暮らしていけます。

また、人間は自然体でいるほうが、結果的には、成長していきます。

欠点も含めて、ありのままの自分を受け入れていく

◇ポジティブ思考で、欠点が長所に変わる

ポジティブ心理学では、**「自己受容の能力が高い人ほど、幸福度が高い」**ということが知られています。

この言葉にある「自己受容」とは、**「ありのままの自分を受け入れる」**ということです。

たとえば、口ベタである人がいたとします。

そのために、交渉事がうまくいかない時もあります。

しかし、そのような自分を完全否定してはいけません。

生きることが辛く、苦しくなっていくばかりです。

そのために一日中、機嫌の悪い顔をして過ごさなければならなくなります。

結果的に、幸福感というものから、どんどん遠ざかってしまうのです。

ですから、たとえ「口ベタ」ということであったとしても、そんな自分を否定するのではなく、ありのままに受け入れるのです。

そのような自己受容の能力が高い人は、上機嫌で幸せに暮らしていくことができます。

とはいえ、ありのままの自分を受け入れると言っても、そう簡単にはできない、という人もいるかもしれません。

そんな人は**ポジティブ思考で、発想の転換をしてみる**のです。

たとえば、「確かに私は口ベタかもしれないが、私は誠実に努力を積み重ねていくタイプだ。この長所を最大限生かしていけばいい」と考えてみるのです。

そうすれば「口ベタ」ということも含めて、ありのままの自分を受け入れやすくなると思います。

そうなれば、楽な気持ちで、上機嫌で暮らしていけると思います。

欠点を裏返せば、長所が現れる

◇「仕事が遅い」＝「仕事が丁寧」ということに気づく

人の性格というのは、同じコインの裏と表です。

欠点と感じられる性格であっても、それをひっくり返せば、実は長所だった……ということもあります。

そして、このような**「自分の性格のひっくり返し方」を知っておく**のも、上機嫌で生きるコツになります。

ある女性は、「仕事が遅い」というコンプレックスがありました。

職場の同僚たちと比べて、いつも彼女は仕事が遅れがちだったのです。

そんな彼女は、「きっと私は周りの人に迷惑をかけているだろう。周りの人たちも私を厄介者《やっかいもの》と感じているのではないか」と、気を病んでいました。

しかし、驚くことが起こりました。

ある日、彼女は上司から、

「あなたは、とても丁寧《ていねい》に仕事をしてくれるから、とても助かります」

と、感謝されたというのです。

確かに、「仕事が遅い」というのは事実だったのでしょう。

しかし、それはコインの一つの側面であり、そのコインをひっくり返してみれば、

「仕事が丁寧」という側面が隠れていたのです。

それに気づいてから彼女は、楽な気持ちで、ありのままの自分を受け入れられるようになったと言います。

そして、これまで通り、丁寧に仕事を進めながら、できるだけ仕事を早く片づけられるよう前向きに努力をしています。

もちろん、上機嫌で、ポジティブに日々の仕事に取り組んでいるのです。

「対人関係が下手な人」は、多くの人から大切にされる

◇ポジティブ思考で、自分の気づかない側面に目を向ける

ある男性は、自分が「人づき合いが下手」ということに劣等感を抱いていました。

彼は、そんな欠点を改善しようと努力しました。

しかし、長年の間に身についた性格なので、なかなか急には「対人関係が上手い人」に生まれ変わることはできません。

人前で、モジモジとした態度を見せて、恥をかくこともありました。

それどころか、彼は「変わらない自分」にだんだん嫌気が差してきて、人の前で自分でも気づかないうちに不機嫌そうな態度を取ってしまうようになったのです。

この事例のように、自分のダメなところを無理に変えようとすると、うまくいかない場合が多いようです。

また、かえって逆効果を及ぼしてしまうケースもあるのです。

したがって、このようなケースでも、**ポジティブ思考で「対人関係が下手である」という性格の良い面に意識を向ける**のがいいのです。

実際に「対人関係が下手な性格」も、ひっくり返してみれば反対側に良い側面が隠れていることがたくさんあります。

たとえば、このタイプの人には、「素朴で、生まじめ」という側面があります。

ですから、意外と多くの人から大切にされているのです。

そのことに気づけば、気持ちが楽になるはずです。

人づき合いが下手であっても、無理のない範囲で、上機嫌に明るく人とつき合っていけるようになります。

そうすれば、一層多くの人から大切にされるでしょう。

下手に他人と自分を比べると、不機嫌になる

◇「自分は自分、人は人」で、上機嫌に暮らしていく

他人と自分とを見比べて、他人の優れていることに嫉妬し、そして自分の劣っているところにコンプレックスを抱く……ということは、上機嫌で生きることを妨げる大きな原因になります。

不必要な嫉妬心は、人を不機嫌にします。

そして、コンプレックスは、人の心を暗いものにしてしまうのです。

精神科医であり、エッセイストとしても活躍した人物に、斎藤《さいとう》茂太《しげた》（20～21世紀）がいます。彼は、

「自分を上機嫌に保つコツは、一つは、他人と自分を比べて、どうのこうのと思わないようすることだ（意訳）**」**と述べました。

人は、他人と自分とを比べると、往々にして、自分よりも相手のいいところばかりが見えてきてしまうようです。

そして、自分が他人よりも劣っている部分だけに意識が向いてきてしまうのです。

人間には、生まれついて、そのような心理傾向が備わっています。

したがって、初めから**他人と自分を比べるのをやめて、自分は自分、人は人と割り切って暮らしていく**のがいいのでしょう。

また、それが上機嫌でいるコツだ、と斎藤茂太はこの言葉で語っています。

特に、この「他人と自分を比べる」という心理が働きやすいのは、人が大勢集まり、そこに競争意識が生まれやすい場所において顕著であるようです。

たとえば、職場や学校です。

他人の仕事や勉強ぶりにとらわれず、**まずは「自分が今やるべきこと」に意識を集中させる**ほうがいいでしょう。

それも、上機嫌でいるコツになります。

嫉妬心が「いつも不機嫌」の原因になる

◇比べるのをやめれば、嫉妬心も消えていく

人生に必要以上に多くのことを望み、そして、自分への欲求水準が高い……という人ほど、他人と自分とを見比べて、あれこれ考えてしまうことが多いようです。

このタイプの人は、

「あの人のほうが、私よりも多くのものを手にしているのではないか」

「自分よりも、あの人のほうが幸せそうなのは、なぜなんだろう」

「あの人は、ほめられた。なのに私をほめてくれる人はいない。どうしてだろう」

「あの人は私よりも、さらに先へと前進している。うらやましい」

といったことが気になってしょうがないのです。


そして、そこに嫉妬心が生まれます。

その嫉妬心のために、しばしば不機嫌にもなっていきます。

このタイプの人は、負けず嫌いで、独占欲が強い、という一面もあり、そのために一層嫉妬心というものが大きくなってしまうのかもしれません。

イギリスの哲学者であるフランシス・ベーコン（16〜17世紀）は、

「嫉妬は常に他人との比較においてであり、比較のないところには嫉妬はない」

ということを指摘しました。

嫉妬することによって自分自身が不機嫌になります。

またベーコンがこの言葉で言っているように、人と比べることをやめれば嫉妬心が生まれないのであれば、やはり「無暗《むやみ》に人と自分を比べない」ということを心がけるのが良いと思います。

そして、そのためには、

「今自分にあるものに満足する」

「ありのままの自分に満足する」

ということが大切になります。

第4章 後悔することなく、機嫌よく生きる

「選択に失敗した」と思った時の、気持ちの切り替え方

◇「雨の中のハイキング」に、うれしいことを探してみる

人生には「選択に失敗した。あっちを選んでおけばよかった」と後悔することがあると思います。

たとえば、「今度の休日を、どう過ごそうか」ということを考えます。

選択肢は二つあります。

「街へ出かけて映画を見ようか、それとも郊外の観光地へ行ってハイキングをしようか」ということです。

迷いましたが、最終的に「観光地のハイキング」を選びました。

しかし、ハイキングの途中、雨が降り出してしまったのです。

残念ながら、傘をさしてのハイキングになりました。

そのために、ハイキングを十分に楽しむことができませんでした。

こういう経験をした時、「ハイキングになんて来るんじゃなかった。映画を見に行っていればよかった」と後悔し、不機嫌になってしまう人もいると思います。

しかし、いくら後悔したところで、もうハイキングに来てしまったのですから、今さら映画を見に行くことなどできません。

ならば、「雨の中のハイキング」という**現実を受け入れ、その現実の中でうれしいことを見つけ出す努力をする**ほうが賢明です。

実際に、雨であっても、見つけ出そうと思えば、うれしいことはたくさん見つけられるのではないでしょうか。

たとえば、改めて風景を見回して、「雨に濡れた木々も美しいものだ。見ている自分も心が洗われるようだ」と感動してみます。

そうすれば、自分のした選択を後悔することはないでしょう。

そうすれば、雨の中のハイキングであっても、機嫌よくしていられます。

「サティスファイサー」は、いつも上機嫌でいられる

◇楽天的に、いいことを見つけ出す

心理学に、**「サティスファイサー」**という言葉があります。

この言葉には、「満足する人」という意味があります。

英語の「サティスファイ」は「満足する」という意味です。

そして「サー」は「〜する人」ということです。

この「サティスファイ」＋「サー」で「満足する人」です。

心理学では、この「サティスファイサー」、つまり「満足する人」になることが、人生をご機嫌に楽しく生きていくための大切なコツになると説いています。

サティスファイサーには、ものの考え方にある特徴があります。

それは、**「どんな経験をしたとしても、それを楽天的に、またポジティブにとらえ**

る」心の習慣を持っている、ということなのです。

たとえば、家電量販店でパソコンを買ったとします。

数日後、その家電量販店を訪れると、先日自分が買ったものと同機種のパソコンが10パーセントオフで売られていました。

その経験をすれば、「値引きするんだったら、パソコンを買うのを遅らせればよかった。損をした」と後悔し、不機嫌になる人もいるのではないかと思います。

しかし、そのような経験をしたとしても、サティスファイサーは、

「でも、自分の買ったパソコンは何の支障もなく作動しているのだから、それでいい」

と、楽天的に考え、

「先日パソコンを買った時、たとえば、担当してくれた店員さんは、とてもいい人で、楽しい話をたくさんできた。だから、よかったじゃないか」

と、ポジティブに考えることができるのです。

ですから、自分のしたことを後悔し、不機嫌になることはないのです。

「マキシマイザー」になるから、不満ばかりが溜まっていく

◇「最高」ではなく「ほどほど」の幸せを求める

いつも上機嫌でいるコツに、「サティスファイサー（満足する人）」になる、ということが挙げられます。

この「サティスファイサー」と呼ばれる人たちの特徴をまとめてみます。

- **どんな経験をしたとしても、楽天的に対処できる。**
- **「どんなことがあっても、自分はご機嫌でいられる」という自信を持っている。**
- **自分の現状の生活への満足度が高い。**

一方で、「マキシマイザー」という心理学の言葉があります。

この言葉には、「最高のことを望む人」という意味があります。

これは英語の「マキシマム」と「ザー」を合成した言葉です。

「マキシマム」には「最高」、「ザー」には「～の人」という意味があります。

心理学では、このマキシマイザーになると、ともすると、不機嫌な生活を送ることになりやすいと言われています。

最高のものを望む気持ちが強いと、その反動で、どうしても小さな欠点ばかりが意識されるようになります。

そして、その「小さな欠点」が、不機嫌の原因になってしまうのです。

たとえば、自動車を購入したとします。

もちろん気に入って買った車なのですが、乗っているうちに「内装の色がイマイチだ」「燃費が思っていたほど良くなかった」と不満を持ち始めます。

そして結局は、「この車は自分にとって最高のものではなかった。こんな車、買うんじゃなかった」と後悔し、不機嫌になってしまうのです。

最高のものを望みすぎるのではなく、ほどほどのところで満足する「サティスファイサー」になることが、機嫌よく暮らすコツなのです。

後悔して自分を責めると、ひどい落ち込みの原因になる

◇「これだけでも幸せだ」と、大らかに考える

精神医学では、気持ちが落ち込んだまま、なかなか立ち直れない……といううつ症状をきたしやすい人には、「マキシマイザー（最高のことを望む人）」が多い、と言われています。

マキシマイザーは、自分がした選択を後になって悔やむことが多いのです。

そして、誤った選択をした自分自身を激しく責めたり、自己嫌悪に陥《おちい》って、精神的にひどく落ち込みます。

ある女性は、いわゆるこの「マキシマイザー」でした。

彼女は、ある男性と結婚しました。

もちろん男性のことが好きで結婚を決めたのですが、実際に結婚生活を始めてみる

と、彼について不満に思うところが出てきました。

彼女は、「なぜ、このような男性と結婚してしまったのか」と後悔するようになりました。

そして、「こんな男性と結婚したのは、私が愚かな女だからだ」と、自分を責めるようになったのです。

彼女はひどく落ち込み、そのために、うつ症状をきたすようになったのです。

このような事態にならないために大切なのは、**「マキシマイザー」ではなく「サティスファイサー」になるよう努力する**ことです。

結婚生活では、もちろん、相手に不満をおぼえることもあるでしょう。

しかし、程度にもよりますが、それを強く意識しすぎるよりも、相手の良い点を見つけて、「これだけでも私は十分に幸せだ」と満足するように心がけることです。

満足することを心がければ、上機嫌で、幸せに結婚生活を送っていけるでしょう。

「後悔すること」を、あらかじめ想定しておくのがいい

◇「予期後悔」しておくと、精神的なショックが小さくて済む

心理学に、**「予期後悔《よきこうかい》」**という言葉があります。

この言葉には、「あらかじめ現実的に、後悔することになりそうなことを予期しておく」という意味があります。

この「予期」という言葉は、わかりやすくするために「心の準備をしておく」と言い換えてもいいと思います。

心理学では、人生において何かを決断し、そして新しい生活を始めようという時に、この**「予期後悔」を考慮することによって、たとえ不満に思うことに直面することがあっても、それを上手に乗り越えていくことができる**といわれています。

たとえば、好きな人と結婚を決めるとします。

その本人とすれば、幸せ一杯でしょう。

これからの結婚生活に夢をふくらませることにもなると思います。

しかし、水をさすわけではありませんが、「実際に結婚生活を始めれば、相手の嫌なところが見えてくることもあるかもしれない」という心の準備をしておくことも大切です。

実際に、たとえ愛する者同士であっても、生まれ育った環境が異なる他人同士で共同生活をするのですから、相手の嫌なところが見えてきてしまうこともある……と考えておくほうが、むしろ現実的なのです。

そして、このような心の準備、つまり「予期後悔」ができていれば、相手に不満を持つことがあったとしても、その時の精神的なショックは小さくて済みます。

そして、「不満に思うことがあっても、それを上回って好きなところが一杯あるから、やっぱりこの人とこれからも幸せに、お互いに上機嫌で一緒に暮らしていきたい」と、上手に気持ちを切り替えることができるのです。

「人生はそうそう、うまくいくものではない」と考えておく

◇「人生はうまくいかない」と思っておくほうが、立ち直りも早い

「人生はそうそう、うまくいくものではない」

こういうことを、あらかじめ想定しておくことは大切なことだと思います。

実はそれも、上機嫌で生きていくための大切な心得になるのです。

あるイラストを描くことを仕事にしている男性がいました。

その男性は、ある大手の出版社から、大きな仕事をもらう機会を得ました。

その仕事は収入的に言っても、かなり条件のいいものだったのです。

これまで、小さな出版社ばかりでイラストの仕事をしてきた彼は、「大手の出版社とつながりを持てば、これからの私の人生は安泰だ」と思い、有頂天になってしまいました。

確かに、ある程度は、その大手の出版社での仕事が続いたと言います。

しかし、一年後には、その大手の出版社からの仕事がまったく来なくなりました。

大手の出版社ですから、有能なイラストレーターをたくさん抱えています。

その中で、評判が良くなければ、すぐに仕事を打ち切られてしまうのです。

それが大手の出版社で仕事をする厳しさなのでしょうが、そのことを彼はまったく頭に入れていなかったのです。

ですから、彼にとって、仕事を打ち切られたことへの精神的なショックはとても大きく、イラストを描く情熱も失ってしまいました。

この事例の男性にしても**「人生はそうそう、うまくいくものではない」**という考えを持っていたならば、その時の精神的ショックは小さいもので済んだかもしれません。

そして、大手の出版社の仕事が打ち切られたとしても、「こんなことでめげずに、好きなイラストを気持ちよく描き続けよう」と思い直すこともできたのではないでしょうか。

人生には「こんなはずじゃなかった」ということがよく起こる

◇「アクシデントは起こるもの」と、頭に入れておく

アメリカの著述家に、ウェイン・ダイアー（20～21世紀）がいます。彼は、

「『こんなはずじゃなかったのに』という考えは捨てるほうがいい」

と述べました。

この言葉は、つまり、

「人生には『こんなはずじゃなかったのに』ということが起こる可能性は十分にある。だから、その時のために心の準備をしておくことが大切である」

ということを教えてくれていると思います。

たとえば、旅行です。

旅行は、とかく、予定通りにはいかないものです。

途中で、思いがけないトラブルに見舞われることもあります。

たとえば、悪天候などの事情で、飛行機や鉄道がストップしてしまうことがあります。

そのために待合室や、あるいは車内で何時間も待たされることもあるのです。

そんな時に、イライラしながら不機嫌な顔になっている人もいるのではないでしょうか。

しかし、「人生では『こんなはずじゃなかったのに』ということが起こるものだ」という心の準備ができていれば、イライラすることもなく、

「本でも読んで、ゆっくりと過ごそう」

「一緒に旅行する人と楽しく語らう時間にしよう」

などと思い直すこともできると思います。

また、そう思い直すことができれば、機嫌よくいられると思います。

情報が多すぎると、かえって「後で悔やむ」ことになりやすい

◇「迷わない」ために、情報を集めすぎない

人生において何かを決断する時、間違いのない決断をするために、事前にたくさんの情報を集める……ということがあると思います。

もちろん、情報を集めて、それを判断材料に使うのは大切なことでしょう。

たとえば、自宅を購入する時は、複数の不動産会社から資料を集め、また、自宅を持とうと考えている街の情報を集めます。

そうすることで、もっとも良い決断をしようと思うわけです。

しかし、集める情報が多ければ多いほど最良の決断ができるのかといえば、必ずしもそうではないようです。

たとえば、資料が多くなるほど、色々な「迷い」が生じます。

しかし、たくさんの情報を集め、散々迷った末の決断というものは、往々にして「後で悔やむ」ということにつながりやすいのです。

いったん「あの街のマンションを買おう」と決断し、そして実際にその街で暮らし始めたとしても、後になってから「自然環境を考えれば、別の街の建売住宅を買ったほうが賢い選択ではなかったのか」などと後悔し始めます。

そういうわけで結局、いったん決断した後になっても、「あっちのほうが良かったのではないか。こっちのほうが良かったのでは」と「迷い」を引きずってしまうことになりやすいのです。

そういう意味から考えると、人にとっては**「迷わずに決断する」ほうが、後で悔やむことが少ない、**とも言えます。

そして**「迷わない」ためには、必要最低限の資料だけ集めて、あまり多くの資料は求めない、**ということも大切になってきます。

これが、決断実行した後、上機嫌で暮らしていくコツになります。

決断する時は、あまり多くの資料を集めすぎないほうがいい

◇「まあ、いいか」と、楽天的に考えられる決断をする

人生では、「決断するに当たって多くの資料を集めすぎると、後で悔やむことになりやすくなる」ということがよくあります。

また、それを裏づけるような心理学の実験もあります。

自動車を購入する時、Aグループの人たちには、十分な検討時間が与えられ、その間に多くの資料を集めることができました。また、もう一つのBグループの人たちは、与えられた検討時間が少なかったため、集める資料にも限界がありました。

結論だけ簡単に要約して説明しますが、実は、「こんな車なんて買うんじゃなかった」と後悔した人は、Aグループの人のほうが多かったのです。

Aグループでは、多くの資料から、燃費、エンジンの性能、安全性、椅子の座り心

地、デザイン、世間での評判……などなど多くの項目で検討がなされます。

しかし、その多くの項目のすべてで満足のいく自動車を選択するのは難しいのです。

ある自動車を購入すれば、それがベストな選択だと思っていても、後になってから「デザインがイマイチだ」「自分では気に入っているが、世間では人気がないらしい」など、小さな不満が色々と出てきて、それが後悔につながりやすいのです。

一方で、Ｂグループでは、時間がないために、自分がもっとも重要視する項目、たとえば「燃費がどうか」ということに絞って資料を集めて検討します。

もちろんＢグループの人たちであっても、自動車を買ってから不満に思う点が出てくることがあります。

しかし、Ｂグループの人たちは、そこで、「でも、この車は燃費がいいから、まあ、いいか」と、楽天的に開き直ることができるのです。

自分がもっとも重視する点にだけ絞って検討し決断することが、その後の上機嫌な生活につながります。

迷った時には「直感に従う」という選択肢もある

◇長い時間をかけて考えると、そこに邪念が生まれる

「直感に従って決断する」ということが、機嫌よく暮らしていくことにつながります。

将棋の棋士《きし》として活躍する羽生《はぶ》善治《よしはる》さんが、次のようなことを言っていました。

次の一手をどう打つか、ということを考えます。

「飛車を動かして攻めに出るか。それとも今は守りに入るか」ということについて、迷います。

しかし、なかなか決断できずに、長い時間をかけて考えるのです。

しかし、「長い時間をかければかけるほど、いい一手を見つけ出せるのかといえば、必ずしもそうではない」と彼は言うのです。

長い時間をかけて考えていると、その間に「勝ちたい」「負けたら、どうしよう」などといった様々な邪念が生じます。

そして、その邪念に集中力を削《そ》がれてしまって、結局は、誤った一手を打ってしまいがちになる、と言うのです。

ですから、彼は「迷った時には、直感に従って一手を打つ」ということを心がけているのです。

そして、**「直感に従うほうが、かえってうまくいくこともある」**と言うのです。

一般の人たちの生活の中でも、「決断に迷う」という場面はたくさんあると思います。

その際に、「長い時間をかけて考えている間に、様々な邪念が生じる」ということもあるのではないでしょうか。

その時、もし後になって後悔したくないのであれば、「直感に従う」ということを選択肢の一つとして試してもいいでしょう。

それが、その後の生活を上機嫌で生きる、ということにもつながります。

たくさんの経験を積んで、自分の「直観力」に磨きをかける

◇直感の「当たり」が増えれば、それだけ上機嫌になれる

物理学者として活躍し、ノーベル物理学賞を受賞した人物に、小柴昌俊《こしばまさとし》（20〜21世紀）さんがいます。彼は、

「山勘《やまかん》というのは磨けば磨くほど、当たる確率が大きくなる」

と言いました。

この言葉にある「山勘」とは、わかりやすく言えば「直感」ということと同じ意味です。

すなわち、「心の奥のほうから聞こえてくる声」ということです。

小柴昌俊さんは、この言葉で、「時には山勘、つまり直感に従って決断し行動するほうが、うまくいく」と述べているのです。

そして、その山勘、つまり直感というものは、「磨けば磨くほど、当たる確率が大きくなる」と指摘しています。

そういう意味では、上機嫌に暮らしていく方法の一つとして「山勘、つまり直感に従う」ということを試しても良いと思います。

それが「当たり」になるのであれば、まさにご機嫌になれるでしょう。

では、どうすれば「山勘、つまり直感を磨く」ことができるのでしょうか。

そのためには、とにかく、**様々な人生経験を積む**ことが大切だと思います。

好奇心旺盛に色々なことに興味を持ち、多くのことにチャレンジして、経験を積み重ねていくのです。

多くのことを経験していく過程において、その山勘、つまり直感が磨かれていきます。

つまり、当たる確率が多くなっていくのです。

その結果、後悔のない人生を歩んでいくことができます。

そして、実りの多い人生を実現できるのです。

第5章

積極的、好奇心旺盛に、喜んで生きる

何事にも積極的な人は、いつも上機嫌でいられる

◇積極的に生きることで、生きるエネルギーが一層盛んになる

思想家であり、また、ヨガの哲学者としても有名な人物に、中村天風《なかむらてんぷう》（19～20世紀）がいます。彼は、

「人生でもっとも大切なことは、何をおいても自分の心に積極性を失ってはならないということである」と述べました。

わかりやすく言い換えれば、「積極的に生きることが大切だ」ということでしょう。

日常生活の中で、積極的に新しいこと、未知なことにチャレンジしていくのです。

たとえば、新しく趣味を始めたり、今まで経験のなかった運動やスポーツに挑戦したりします。

あるいは、まったく知識がなかったことについて勉強を始めます。

郵 便 は が き

料金受取人払郵便

豊島局承認

4482

差出有効期間
2025年10月
31日まで

●上記期限まで
切手不要です。

1 7 0 - 8 7 9 0

3 3 3

東京都豊島区高田3-10-11

自由国民社

愛読者カード 係 行

住所	〒□□□-□□□□ 都道府県 市郡(区)		
	アパート・マンション等、名称・部屋番号もお書きください。		
氏名	フリガナ	電話	市外局番 市内局番 番号 ( )
		年齢	歳
E-mail			

どちらでお求めいただけましたか？

書店名（ ）

インターネット 1．アマゾン 2．楽天 3．bookfan

4．自由国民社ホームページから

5．その他（ ）

ご記入いただいたご住所等の個人情報は、自由国民社からの各種ご案内・連絡・お知らせにのみ利用いたします。いかなる第三者に個人情報を提供することはございません。

『上機嫌のつくりかた』を

ご購読いただき、誠にありがとうございました。

下記のアンケートにお答えいただければ幸いです。

●本書を、どのようにしてお知りになりましたか。

□新聞広告で（紙名：　　　　　　　　　　新聞）

□書店で実物を見て（書店名：　　　　　　　　　　　　　　）

□インターネットで（サイト名：　　　　　　　　　　　　　）

□人にすすめられて　□その他（　　　　　　　　　　　　　）

●本書のご感想をお聞かせください。

※お客様のコメントを新聞広告等でご紹介してもよろしいですか？

（お名前は掲載いたしません）　□はい　□いいえ

ご協力いただき、誠にありがとうございました。

お客様の個人情報ならびにご意見・ご感想を、

許可なく編集・営業資料以外に使用することはございません。

時代の流れや、今流行していることにも好奇心旺盛で、「面白そうだ」と感じたことは、とにかく自分で経験してみよう……と意欲的に取り組みます。

人間は「気《き》」というものを持っています。

「気」とは、「生命が持つエネルギー」です。

新しいことに積極的に挑戦していくことは、その人の「気」、つまり「生命が持つエネルギー」を活性化させるのです。

そうすると、精神的に新鮮な気持ちでいることができ、また、肉体的にも若々しくいられます。

周りの人たちから、

「あの人はいつも明るい笑顔を絶やさず、上機嫌で、元気一杯に生きているなあ」

と見られるような人は、一般的に、何事に対しても積極的な人が多いようです。

「気」という生きるエネルギーが盛んだからこそ、その人は上機嫌でいられます。

そして「気」、つまり生命エネルギーを盛んにするためには、人生において何事にも積極的に取り組んでいくことです。

好奇心旺盛に「楽しいこと」を見つけ出す努力をする

◇楽しそうなものが見つかったら、すぐにチャレンジする

人生を不機嫌なものにする最大の要素は「マンネリ」ではないでしょうか。

「毎日、毎日、同じことの繰り返し」という生活を送っていくうちに、精神的にマンネリに陥《おちい》っていきます。

そして、生活がマンネリになっていくに従って、「人生なんて、つまらない」と感じるようになります。

そして、この「つまらない」という思いが、その人を不機嫌にしていくのです。

そのような人は、きっと、「何か楽しいことはないかな」という思いも持っていると思います。

「楽しいこと」があれば、「つまらない人生」を変えられるのではないか……と望ん

でいるのです。

しかし、「楽しいこと」は、待っていても向こうからやってはきません。

「楽しいこと」は、自分自身が探し出し、そして、積極的にこちらから捕まえにいくものなのです。

そのために大切なのは、「好奇心」です。

日頃の生活の中で、好奇心旺盛に、

「これは何だろう」

といったものを探し出すのです。

そして、

「これは楽しそうだな」

というものが見つかったら、それに積極的にチャレンジしてみるのです。

そうすればマンネリを打破できます。

そうすれば、機嫌よく日々の生活を送っていけるようになります。

「成長マインドセット」によって、上機嫌に生きる

◇「固定マインドセット」の人は、いつも不機嫌である

心理学に、**「マインドセット」**という言葉があります。

この「マインドセット」とは、わかりやすく言えば、「ものの考え方」「気持ちの持ち方」ということを意味しています。

また、このマインドセットには、「固定マインドセット」と「成長マインドセット」と呼ばれるものがあります。

「固定マインドセット」とは、いわゆる「決めつけ」です。

「どうせ私の人生には、楽しいことなんてあるはずがない」

「新しいことにチャレンジしても、途中で飽きてしまうに決まっている」

「今の世の中に、楽しいことなんてあるはずがない」

といったように決めつけることです。

そして、このような「固定マインドセット」にとらわれてしまうと、その人の人生は非常につまらないものになってしまうのです。

一方で、**「成長マインドセット」**とは、**「さらに楽しい人生に向かって、自分は成長していけるという信念と自信を持つ」**という精神状態を意味しています。

上機嫌な人は皆、この「成長マインドセット」の持ち主だとも言えます。

このタイプの人は、「さらに楽しい人生」のために、興味を持ったことに積極的にチャレンジしていく人なのです。

当然、充実した人生を実現するためには、この「成長マインドセット」という考え方を取り入れていくことが大切です。

そして、そのためには「どうせ」「決まっている」「はずがない」といった「固定マインドセット」を捨て去ることが重要なのです。

そうすれば、機嫌よく暮らしていけます。

「ネガティブな言葉」が、自分自身の人生を不機嫌なものにする

◇ポジティブな言葉を口ぐせにするよう心がける

いつも不機嫌な人の考え方の特徴に、「ネガティブな決めつけ」があります。

そして、そのために、ある言葉が口ぐせになっている場合が多いのです。

それは「どうせ〜」です。たとえば、

「がんばったって、どうせ無理だ」

「どうせ、うまくいかない」

「どうせ、時間の無駄になるだけだ」

不機嫌な顔をして、こんなことばかり口にしているのです。

しかし、このような口ぐせのために、このタイプの人は、人間的に成長していくことができません。

今の「マンネリ化した生活」の中に、いつもでも留《とど》まっているしかないのです。

一方で、いつも上機嫌に暮らしている人は、ポジティブな言葉を口ぐせにしている場合が多いのです。

「私なら、できる」

「まずは、やってみよう」

「私には自信がある」

といった言葉です。

普段、人が何気なく口にする「言葉」というものは、その人のものの考え方や生き方に大きな影響をもたらしています。

ですから、**幸せな人生を実現したいのであれば、「どうせ～」といったネガティブな言葉を口にするのはやめて、できるだけポジティブな言葉を使うように心がける**のが一番です。

ポジティブな言葉が増えるに従って、その人は上機嫌になっていきます。

「自分がやることは、自分で決める」ことによって、気持ちが楽しくなる

◇「やらされること」の中で、自分のアイディアを実践する

「やらされている」という意識が強まるにつれて、その人は不機嫌になっていきます。

たとえば、会社では、いつも不機嫌な顔で仕事をしているという人は、きっと、

「つまらない仕事を、上司の命令でやらされている」

という意識が強いのではないでしょうか。

あるいは、いつも不機嫌な顔をして家事をしている主婦は、

「掃除や洗濯なんてやりたくないのに、仕方なくやらされている」

という意識があるのかもしれません。

しかし、不機嫌な顔をしたまま仕事や家事を続けることは、その人自身にとって、

とても不幸なことだと思います。

心理学に**「自《じ》己《こ》決定《けってい》」**という言葉があります。

この言葉には、「自分がやることは、自分で決める」という意味があります。

そして、上機嫌でいるコツは、この「自己決定」にあるのです。

確かに仕事でも家事でも「やらされる」というものがあるのは事実でしょう。

しかし、その「やらされていること」の中で、自分のアイディアによって「やり方」を工夫する、ということは可能です。

「こうするほうが、仕事が効率的になるんじゃないか」

「こうすれば、掃除や洗濯は楽になる」

といったアイディアを自分で考えて、自分でやってみるのです。

それも「自己決定」の一つのあり方です。

そして、何事にも、このように**「自分がやることは、自分で決める」ということを心がけていく**ことで、仕事や家事は楽しくなります。

その結果、機嫌よく「やらされること」をこなしていけます。

「私は喜んで努力している」と、自分自身に言い聞かせてみる

◇「喜んでいる」と言い聞かせることで、その気になってくる

オリンピックの体操競技で三個の金メダルを獲得した女性に、ルーマニアのナディア・コマネチがいます。

今は引退していますが、現役の頃は日々厳しい練習に明け暮れていたといいます。

練習内容は、コーチが作成していました。

「今週は、こういう点をテーマにして、今日はこの練習をする。明日はこの練習をする」とコーチから命じられたことを、彼女は日々たんたんとこなしていったのです。

時には、「こんな練習はやりたくない」と反発心を持つこともあったと言います。

しかし、反発心を持てば、練習に集中できなくなります。

練習に集中できなければ、体操が上達しません。

競技にも勝てなくなります。

そこで彼女は、次の言葉を自分自身に言い聞かせるようにしていたといいます。

それは、**「私は喜んで努力している」**というものでした。

彼女は「喜んでいる、喜んでいる」と自分に言い聞かせることによって、本当に、コーチから命じられる厳しい練習を自分が喜んでやっているように思えてきたと言います。

そして「喜んで努力している」ということを実感することによって、練習への集中力もグンとアップしたのです。

一般の人も、厳しいことを命じられて、心が折れそうになる時があるかもしれません。

そんな時は、この事例の女性選手のように、自分自身に「私は喜んで努力している」と言い聞かせてもいいかもしれません。

「有能感」を持つことで、モチベーションが高まる

◇「私は役立っている」ことを再認識する

フランス料理のシェフとして活躍した人物に、村上信夫《むらかみのぶお》（20～21世紀）がいます。

彼がホテルのレストランに就職して、初めて命じられた仕事は「洗い場」でした。

朝から夜遅くまで毎日毎日、大量のフライパンや鍋や皿を洗い続けるのです。

正直に言って、飽き飽きした気持ちになることもあったようです。

しかし、彼は、そんな時に、

「自分が一生懸命になって洗えば、それだけ先輩たちは、ピカピカのフライパンや鍋で気持ちよく料理ができる。きれいなお皿に気持ちよく料理を盛りつけられる。自分は、それだけ、ここで役立っているんだ」

と、自分に言い聞かせました。

そうすると、仕事へのやる気がわいてきたというのです。

心理学には、**「有能感《ゆうのうかん》」**という言葉があります。

この言葉には、「『自分はたくさんの人たちのために役立つだけの能力を持っている』ということを実感すること」という意味があります。

そして、この「有能感」を持つことでモチベーションがアップする、と言われているのです。

事例の村上信夫は、まさにこの「有能感」を持つことで、やる気を高めたのです。

人には、時に、「やりたくないことを、やらされている」という状況を辛く思うことがあるかもしれません。

そんな時は、「私がこれをやることで、私はみんなの役に立っている」ということを意識するようにしてもいいでしょう。

すると、やらなければならないことを機嫌よくこなしていけるでしょう。

「かわいい写真」によって、幸せな気分になる

◇机に「かわいい写真」を飾っておく

心理学に興味深い実験があります。

それによると、**「人には、『かわいい』と感じるものを見ると集中力がアップする、という心理傾向がある」**というのです。

実験では、大勢の人を集めて、「何枚かの写真を並べ替える」という単純作業をしてもらいました。

ただし、Aグループの人たちには、「かわいい子猫や子犬」の写真を並べ替える、という作業をしてもらいました。

一方で、Bグループでは、「成長した大人の猫や犬」の写真を並べ替える、という作業をしてもらったのです。

その結果、Ａグループの「かわいい子猫や子犬」の写真を見ながら作業をした人たちのほうが、集中力、作業の丁寧《ていねい》さ、作業の速さ、などの点で、Ｂグループを上回っていたことがわかった、というのです。

単純作業に携わる時、人は往々にして、途中で飽き飽きした気持ちになってくるものです。

そして、そのために集中力と効率がダウンするのです。

しかし、「かわいいものを見る」ことで、そういう弊害を取り除くことができるということを、この心理学の実験は物語っているのです。

人は、時に、やっている仕事に「飽き飽きした気持ちになる」ということがあるのかもしれません。

そのような時には、机の上に子猫や子犬、あるいは幼い我が子といった「かわいい写真」を飾っておいて、それを見るようにする、というのもいいと思います。

それが、機嫌よく仕事をするコツになります。

「美しい風景」によって、飽き飽きした気分を吹き飛ばす

◇風景写真を見るだけでも、幸せな気分になる

心理学では、**「美しい風景に囲まれて生活している人は、幸福感が高い」**ということがわかっています。

次のような調査があります。

窓から美しい風景が見える部屋で暮らす人たちと、窓からコンクリートの建物などの人工物しか見えない部屋に住む人たちと、どちらのほうが幸福度が高いかという意識調査が行われました。

その結果、美しい風景が見える部屋で暮らす人たちのほうが、幸福度が高かったことがわかった、というのです。

日常生活の中にも「単純作業」がたくさんあります。

家事などの大半は単純作業ですし、会社の仕事でも事務などは単純作業が多いのではないでしょうか。

そういう意味では、やらなければならないことに飽き飽きしてきた時には、窓から自然の風景を眺めるのもいいと思います。

自然の風景が見えない部屋の人は、自然の豊かな公園へ行ってみるのもいいでしょう。

また、「美しい風景」は、たとえ写真であっても、それを眺めることで幸福感が増す、という効果があります。

ですから、美しい風景写真を飾って、飽き飽きした気持ちになった時は、それを眺めるのもいいでしょう。

特に、コンクリートに囲まれた生活を送っている都会人などは、写真でもいいですから、美しい風景に接する機会を増やすのがいいと思います。

美しい風景は、その人に上機嫌をもたらしてくれます。

努力するからこそ、上機嫌で希望を語ることができる

◇怠ける人は「不機嫌な人生」から抜け出せない

小説家の井上靖《いのうえやすし》（20世紀）は、

「努力する人は希望を語り、怠ける人は不満を語る」

と述べました。

この言葉にある通り、何事についても「怠ける人」というのは、不機嫌な顔をして不満ばかり口にしているものです。

一方で、コツコツと「努力する人」は、明るい表情で上機嫌に自分の希望を語ります。

それは、努力していく先に、すばらしい人生が待っていることを知っているからなのでしょう。

確かに、人生では、やりたくないことをやらなければならない時もあります。

厳しく辛いことをやらなければならない時もあるでしょう。

途中で、飽き飽きした気分になってしまう時もあると思います。

しかし、そこで怠けてしまったら、その人の人生はますます不機嫌なものになっていくばかりです。

したがって、どのようなことであっても、コツコツと努力を続けていくことが大切なのです。

努力していく先には、必ず「ご機嫌な人生」があるからです。

また、どんなことであっても、機嫌よく努力を続けていく方法があるのも事実です。

それは、**努力していく過程で自分の成長を実感したり、自分自身にポジティブな言葉を言いかけたり、「自分はみんなの役に立っている」と信じる**ことです。

機嫌よく努力する方法が見つかれば、辛いことも辛くはなくなります。

したがって、上機嫌で努力し、上機嫌な人生を手にするほうが得策です。

第6章

人を上機嫌にすれば、自分が上機嫌になる

「上機嫌な雰囲気」を、人から人へと広げていく

◇自分が上機嫌でいると、周りの人も上機嫌になっていく

自分自身が上機嫌でいることは、周りの人たちを上機嫌にすることにもつながります。

というのも「上機嫌」というものは、人から人へ伝染していくものだからです。

自分が明るく元気な笑顔で上機嫌でいれば、周りの人たちもまた明るく元気な笑顔になっていきます。

ロシアの小説家であるドストエフスキー（19世紀）は、

「太陽になりなさい。
そうすれば、みんながあなたを仰《あお》ぎ見る」

と述べました。

この言葉にある「太陽になりなさい」とは、まさに、

「明るい笑顔でいなさい」

「元気に振る舞いなさい」

「いつも上機嫌でいなさい」

ということを教えていると思います。

そうすることで、周りの人たちは、その人を「私たちも、あの人のように明るい人になりたい。元気な人になりたい。上機嫌な人になりたい」と、仰ぎ見るようになるのです。

そして、そこにいる人たちは、みんな「上機嫌な人」になっていきます。

家庭や、職場や、学校の教室などの、そのような上機嫌な雰囲気を作り出すために、まずは自分自身が「上機嫌な人」になるのがいいでしょう。

そうすれば、自分を中心にして、明るく元気な笑顔が広がっていくことになると思います。

「怒っている顔」よりも「明るい笑顔」のほうが、相手の記憶に残る

◇好きな人の前では、上機嫌な笑顔でいるのがいい

心理学に興味深い研究があります。

それは、**「怒っている人の顔よりも、明るく笑っている人の顔のほうが、相手の記憶に残りやすい」**というものです。

次のような実験がありました。

実験に参加した人たちに、「明るい笑顔で笑っている人の写真」を見せて、この人はどのような人なのかということについて、名前や経歴などを説明します。

また、「不機嫌な顔をして怒っている人の写真」を見せて、この人はどのような人なのかということについて、同じように説明します。

そして、後日、それぞれの人について質問をするのです。

その結果、「明るい笑顔で笑っている人」のほうが、実験に参加した人たちの記憶には残っていることがわかった、といいます。

一方で、「不機嫌な顔をして怒っている人」については、忘れられやすいことがわかりました。

この研究結果は、一般の生活の中で、また仕事などで活用できると思います。

たとえば、好きな人がいたとします。

そんな場合、好きな人の前では、上機嫌な笑顔を作るように努めることです。

そうすることで、好きな相手に、自分のいい印象がいつまでも記憶されることになるのです。

仕事の交渉の際も同様です。

交渉相手に、明るい笑顔を見せることで、自分の良い印象がしっかりと相手に記憶されることになるのです。

パワハラやセクハラで、職場全体の業績が下がっていく

◇ポジティブな言葉で、会社の業績がアップする

パワハラやセクハラが社会問題になっています。

パワハラやセクハラは、そのターゲットとなった人だけが心を傷つけられ、嫌な思いをするだけではありません。

たとえば、職場においてパワハラやセクハラが行われると、そのターゲットとなった人の周りにいる人たちも同様に傷つき、嫌な思いをすることになります。

さらに、**パワハラやセクハラがひんぱんに行われる職場では、その職場全体の仕事の効率性が約30パーセントほど低下する**ということが、アメリカの心理学の調査でわかっています。

さらに**仕事の創造性については50パーセント近く低下していた、**ということです。

つまり、その職場にいる社員たちから、新しいアイディアなどが出てこなくなる、ということなのです。

そして、そこに居合わせる人たちは、みんな不機嫌な顔をして嫌々ながら仕事をしている……という状態になるのです。

当然のことながら、これでは業績も伸びてはいかないでしょう。

この状態が長引くと、最終的に、その会社は倒産することにもなりかねません。

仕事というものは、業績が伸びていってこそ面白みがあるのではないかと思います。

そういう意味から言えば、職場でのパワハラやセクハラは厳禁です。

むしろ、ポジティブな言葉をみんなで使うようにするのがいいでしょう。

「がんばっているね」

「期待しているよ」

このような**ポジティブな言葉をかけ合うことで、みんなが上機嫌で仕事に打ち込めるようになり、業績も上がっていく**のです。

相手が上機嫌で話せるように、上機嫌で人の話を聞く

◇人は自分の話をするのが好きである

人は、基本的に、自分の話をするのが好きです。

人には**「承認《しょうにん》欲求《よっきゅう》」**という心の働きがあります。

これは、「私のことをわかってほしい。私のことを知ってほしい。私のことを認めてほしい」という欲求を意味しています。

このような心理的欲求から、人は好んで自分の話をするのです。

次のような心理学の実験がありました。

実験に参加した人に、ある話題について話をしてもらいます。

ただし、「他人のことについて話をする場合には、お金が支払われます。自分のこ

とについて話す場合には、お金は支払われません」という条件をつけます。

その上で「他人のこと」を話すか、それとも「自分のこと」を話すか、実験の参加者に選択してもらったのです。

その結果、お金が支払われないのにも関わらず、多くの人が「自分のことを話す」という選択をしたのです。

この実験結果は、それだけ人というものは「自分の話をするのが好きだ」ということを示しています。

逆の視点から見ると、だからこそ**人は、自分の話を熱心に聞いてくれる人に対して好感を持ちます**。

そんな聞き上手な人は、いわば、自分の「承認欲求」を満たしてくれる人なのです。

ここに、人から好かれるコツもあります。

相手が上機嫌で自分の話ができるように、自分も上機嫌で相手の話を聞いてあげると人間関係が良くなるかもしれません。

いつも上機嫌な人は、相手の「長所探し」が上手な人でもある

◇相手の欠点を意識するから、不機嫌になっていく

身近な人間関係を円満なものにするコツに、

「人の欠点を見ようと思うのではなく、人の長所に目を向ける」

というものがあります。

人の欠点を意識すると、そのために自分がひどく迷惑をかけられているように思えてきて、つい不機嫌な態度を取ってしまいがちなのです。

たとえば、友人関係でいえば、相手の欠点ばかりが目についてしまうと、相手の欠点のために自分がひどく苦労させられているように思えてきて、友人につい不機嫌な態度を取ってしまうでしょう。

そして、そのために友人との間にギクシャクした雰囲気が生じることもあるのでは

ないでしょうか。

一方で、相手の長所を意識するように心がければ、状況がまったく変わってきます。

相手の長所のおかげで、自分がいつも助けられているように思えてくるのです。

ですから、その相手に感謝する気持ちも生まれてきます。

そうすれば、お互いの関係がとても仲のいいものになります。

そして、身近な人との関係がうまくいけば、自分自身が上機嫌で日々を暮らしていけることになるのです。

アメリカの作家であるデール・カーネギー（19～20世紀）は、

「他人の短所を見れば憂うつになり、他人の長所を見れば人生が明るくなる」

と述べました。

この言葉にある「憂うつになる」とは「不機嫌になる」、「人生が明るくなる」とは「上機嫌になる」とも言い換えられます。

つまり、相手の長所を見て人とつき合っていくのが、対人関係のコツなのです。

人の意識は「相手の長所」よりも「欠点」に向かいがちである

◇できるだけ相手の長所に目を向けて、人とつき合う

イソップ物語に、『旅人とスズカケの木』という話があります。

ある夏の暑い日のことです。

ある旅人が、暑さに弱り果てながら、森の中を歩いていました。

すると、大きなスズカケの木があるのを見つけました。

旅人は、その木陰で、しばらく休んでいくことにしました。

その木陰はとても涼しかったので、旅人とすれば大いに助かりました。

しばらく経ってから、旅人はふと木を見上げました。

スズカケの木は普通、たくさんの実をつけます。

その実を人間は、飾り物などにして使います。

しかし、そのスズカケの木には、まったく実がなっていなかったのです。

その旅人は思わず、「このスズカケの木は、役立たずの木だ」と不満をもらしてしまいました。

すると、そのスズカケの木は、人間の言葉で、「先ほどから私のおかげで涼しい場所で休息できているのに、その私に向かって『役立たず』などとよく文句が言えたものだ。この恩知らずめ」と、その旅人に言い返しました。

この話は、人は往々にして、実は相手の長所のおかげで助けられているのにも関わらず、相手の欠点ばかりに意識を向けがちである……という人間世界の事実を指摘しています。

そうならないためには、**日頃から意識して、「相手の欠点ではなく、長所を見つけ出そう」と思いながら人とつき合っていく**ことが大切です。

それが、人と良いつき合いをしていくための基本になるからです。

親しくつき合う人が多いほど、その人の幸福度が高まる

◇人つき合いの幅が狭い人は、不機嫌になりやすい

心理学の調査では、**「親しくつき合う相手の数が多い人ほど、その人の幸福度が高い」**ということがわかっています。

つまり、仕事でのつき合いの他に、趣味の会やサークル、スポーツクラブ、ボランティアなどを通して親しくつき合っている人がたくさんいる人ほど幸せ、ということです。

ところで「会社人間」だとか「仕事人間」と言われるタイプの人たちがいます。

仕事熱心なのはいいのですが、仕事以外のことにはまったく興味がない人です。

したがって、人づき合いも、仕事の上のことだけに限られています。

このようなタイプの人は、実は、幸福度はあまり高くないようです。

仕事で成果を出すことが生きがいになっていると思いますが、どこかで満たされない気持ちを抱えています。

その結果、不機嫌になってしまうのです。

その理由の一つは、「人づき合いの幅が狭い」ということにあるのではないでしょうか。

「仕事の関係者以外に人づき合いがない」という人は、趣味や地域活動などを通して人づき合いを増やしていくほうが良いと思います。

そうやって親しくつき合っていく人が増えるに連れて、幸せな感情が心に満ちてきて、上機嫌で暮らしていけるようになると思います。

「感謝する習慣」を持つと、機嫌がよくなっていく

◇「感謝日記」に、感謝の言葉を書いていく

ポジティブ心理学では「感謝する」ということが、その人の幸福度に深く関係していることが知られています。

つまり、**日々の生活の中で「感謝する」ことを習慣にすることで、その人の幸福度が増し、機嫌よく暮らしていけるようになる**のです。

アメリカの心理学の実験に次のようなものがあります。

実験の参加者1000人以上に、毎日「感謝日記」を書いてもらいました。

「感謝日記」とは日々、感謝するような出来事を簡単に綴《つづ》っていく日記のことです。

たとえば、

「友人から贈り物をもらった。ありがとう」

「店員さんに親切にしてもらった。感謝」

といったものです。

この「感謝日記」を書くことによって、実験の参加者には以下のような変化が認められた、と言います。

・生きている楽しさや喜びを実感するようになった。
・以前よりも楽天的に、ものを考えられるようになった。
・物事にポジティブに取り組めるようになった。
・やさしい気持ちで、人とつき合っていけるようになった。
・人の過ちに対して、寛大に対処できるようになった。

この他にも「体調が良くなった」と答えた人も多かった、と言います。

そういう意味から言えば、この実験のように「感謝日記を書く」という習慣を持ってもいいと思います。

今よりも、もっと上機嫌でいられるようになります。

自分の生活を支えてくれる人たちに日々、感謝していく

◇「感謝する」ことによって、相手も自分も上機嫌でいられる

とてもユニークな字を書く書家として、また、詩人として活躍した人物に、相田《あいだ》みつを（20世紀）がいます。彼は、

「私の、この下手な文字、つたない文章も、
見てくれる人のおかげで書かせていただけるんです。
『おかげさん』でないものは、この世に一ツもありません。
みんな『おかげさん』で成り立っているんです」

と述べました。

この言葉にある「おかげさん」とは、「おかげ様」ということです。

相田みつをは、「自分が暮らしていけるのは、自分を支えてくれている、みなさん

のおかげです」という感謝の気持ちを日々忘れることなく生きていたのです。

この「感謝の気持ちを忘れない」ということが、彼の「ご機嫌な生活」を支えていたのではないでしょうか。

人は、自分一人だけの力で生きているのではありません。

たくさんの人たちの援助を受けながら生きているのです。

それは、家族であり、友人であり、近所の人たちであり、仕事の関係者であったりします。

ですから、そんな自分を支えてくれている人たちを思い浮かべながら「おかげ様で」「ありがとう」と感謝しながら暮らしていくほうが良いと思います。

人に感謝すれば、言われた人は上機嫌になります。

そして、人に感謝の気持ちを伝える自分自身も、また、上機嫌になるのです。

第7章
失敗しても悪口を言われても、上機嫌でいる

「失敗したからこそ、成功に一歩近づいた」と考える

◇数多くの失敗をした人が、大きな成功を手にできる

「失敗することがあっても、上機嫌でいる」

このような心得を実践することができれば、人生に怖いものはありません。

どんなことに対しても、積極的にチャレンジしていくことができます。

しかし、実際には、失敗すると不機嫌になったり、落ち込んでしまう人が多いようです。

失敗しても上機嫌でいる、ということができる人は少ないのです。

しかし、それができるようになる方法はあります。

それは「失敗する」ということに対する考え方を変えることにあります。

多くの人は「失敗する」ということを「成功から遠ざかること」として考えてしま

いがちです。

しかし、実際は、「失敗する」ということは、実際には、「成功に近づくこと」なのです。

そう考えることができれば、失敗しても上機嫌でいられます。

アメリカの発明王であるエジソン（19～20世紀）は、

「人生に失敗し、そして、そこであきらめてしまった人の多くは、失敗によって自分たちがどれだけ成功に近づいているのかに気づいていない人たちだ」

と述べました。

エジソンは白熱電球や蓄音機や映写機を発明する段階で、数多くの失敗を積み重ねたといいます。

しかしエジソンは、失敗することによって、多くの発見や知識を得ました。

そして、その発見や知識によって、一歩成功に近づけたと考えたのです。

ですからエジソンは「失敗する」ということを非常に前向きにとらえていたのです。

失敗は「再挑戦するチャンス」を与えてくれる

◇失敗が、成功へのチャンスを作り出す

人間は誰でも失敗をします。

どんなに有能な人であっても、人生の中で数多くの失敗を経験すると思います。

ただし「失敗の受け止め方」は、人それぞれです。

挑戦したことに失敗して、落ち込んでしまう人もいるでしょう。

しかし失敗することによって、さらに一層「成功してやる」というやる気をかき立てられる人もいます。

そして、後者のタイプの人が最終的に成功を手にすることができる人なのです。

アメリカの実業家で、自家用自動車の開発生産によって成功し、自動車王とも呼ばれた人物にヘンリー・フォード（19～20世紀）がいます。彼は、

「失敗とは、より良い方法で再挑戦するすばらしい機会である」

と指摘しました。

失敗することによって、人は一つ賢くなります。

それは、失敗から知識や教訓といったものを得られるからです。

「次は、こうすればうまくいくかもしれない」という知識や教訓を得られるのです。

それが、フォードが、この言葉で指摘した「良い方法で再挑戦するすばらしい機会」ということの意味です。

ヘンリー・フォードは、若い頃、アメリカの発明王であるエジソンのもとで仕事をしていました。

エジソンも「失敗を成功に生かす」ということが上手な人でした。

恐らく、フォードは、この「失敗を成功に生かす」ということをエジソンから学んだのではないかと思います。

フォードもまた「失敗しても上機嫌な人」だったのです。

「手を握りしめる」ことによって「生きる力」が活性化する

◇失敗して落ち込んでいる時には、握り拳《こぶし》を作ってみる

失敗して落ち込んでいる人がいるかもしれません。

そんな時、元気を取り戻す方法を一つ紹介しておきたいと思います。

それは**「自分の手を強く握りしめる」**ということです。

手のひらは、その人が持つ「気」が集まってくる場所だといわれています。

また、その人が自分が持っている「気」をもっともよく感じることができる場所でもあります。

「気」とは、人の内部を流れている「生命エネルギー」です。

「生きる力」と言ってもいいでしょう。

「元気」とは、つまり、「その人が持っている元々の生命エネルギー」ということな

のです。

「手を強く握り絞める」「握り拳《こぶし》を作る」ということで、この「元々の生命エネルギー」が活性化します。

また、本人が、その「生命エネルギー」を強く感じ取ることができます。

その結果、「元気が出る」のです。

これは科学的にも証明されています。

実験で、この「手を強く握りしめる」ということを何度か繰り返してもらいました。

そうすると、その人の中で、ドーパミンと呼ばれるホルモンの分泌が活性化したと言います。

このドーパミンの分泌が活性化されると、「やる気を高める」「幸福感が増す」という効果が得られます。

手を握ることで、力が出ます。

そうすると、失敗しても上機嫌でいられるのです。

「パワーポーズ」によって日々、機嫌よく暮らす

◇姿勢や仕草は、その人の精神面に強い影響を与える

ポジティブ心理学に、**「パワーポーズ」**という言葉があります。

「パワー」とは、「生命力」のことです。

「ポーズ」とは、「姿勢」「仕草」といった意味があります。

つまり、「パワーポーズ」とは、「生命力が活性化する姿勢や仕草」ということなのです。

たとえば、**「ガッツポーズ」**です。

握り拳を作った腕を前へ突き出す、という仕草です。

スポーツ選手が勝利の瞬間によくするポーズです。

このガッツポーズをすることによって、やる気が増し、幸福感が高まるということ

が科学的に知られています。

また、**「バンザイをするようにして、顔を上げ、手を上へ突きあげる」**というのも、パワーポーズの一つです。

やはり、気持ちを前向きにして、その人が持っている生命力を活性化させる効果を期待できます。

さらに、**「背筋を伸ばして、胸を張る」**という姿勢も、パワーポーズの一つです。

人の精神面には、その人の姿勢や仕草といったものが大きな影響を与えるものなのです。

反対に、「うなだれる」「猫背になる」といった姿勢や仕草は、その人の精神面に悪い影響を与えることが知られています。

すなわち、「暗い気持ちになる」「自信を失う」といった悪い影響が精神面に出てきてしまうのです。

パワーポーズを心がけることも、上機嫌で暮らすコツになります。

ネガティブな言葉を使うと、ますます不機嫌になっていく

◇ポジティブな言葉を使って、上機嫌になる

人が普段、口にずる言葉というものも、その人の精神面に対して強い影響力があります。

たとえば、物事がうまくいかない時、

「やっぱり私はダメなんだ」

「もう無理だ。これ以上無理だ」

「努力したって、どうせうまくいかない」

といったことを口にする人がいます。

また、人によっては、この「やっぱりダメ」「もう無理」「どうせうまくいかない」といった言葉が口ぐせになっていることもあります。

しかし、このようなネガティブな言葉には注意が必要です。

本人とすれば、あまり意識せずにネガティブな言葉を口にしているのかもしれませんが、そのためにますます気持ちが落ち込み、気分的に不機嫌になっていくという可能性もあるからです。

したがって、**口にする言葉はポジティブなものにするよう心がけておく**ほうが賢明でしょう。

ポジティブな言葉を口にすることで、やる気が出るからです。

ですから、物事がうまくいかない時であっても、

「ここが私の力の見せ所だ」

「うまくいかないことだからこそ、やりがいがある」

「この状況を突破したら、私はヒーローだ」

といったポジティブな言葉を口にするよう心がけるのです。

ポジティブな言葉を口にすることで、うまくいかない状況でも上機嫌でいられます。

「嫌味な言葉」を「ポジティブな言葉」に言い換える

◇「ポジティブな言葉」で上手に気持ちを切り替える

人が不機嫌になってしまう原因に、

「誰かから嫌味や悪口を言われる」

というものがあります。

たとえば、知り合いから、

「あなたって、おとなしい人なのね」

と言われたとします。

嫌味で言われたのだと、すぐにわかります。

自分の気持ちを積極的に発言することもなく、いつも黙ってみんなの意見を聞いている……そんな様子を「おとなしい人」という言葉で表現したのでしょう。

さらに言えば、ハキハキしていない、何を考えているのかわからない……といったことも言いたかったのかもしれません。

このような言われ方をすれば、本人とすれば、何か自分がバカにされたように思えてきて気分は良くありません。

嫌な気持ちが後を引いて、その後ずっと不機嫌な顔をして過ごさなくてはならなくなります。

したがって、こういう時には、**相手の「嫌味な言葉」を自分自身で「ポジティな言葉」に言い換えてしまう**のが賢明だと思います。

「私は謙虚で、他人を尊重する性格の持ち主だ。だから『おとなしい』と思われるのかもしれないが、謙虚な性格であるからこそ、実際には、多くの人たちから愛されてもいる」というようにポジティブな言葉に言い換えて解釈するのです。

そうすることで心が楽になります。

上手に発想を転換すると、上機嫌で暮らしていけます。

人格に対する悪口は、ポジティブな言葉に言い換える

◇人の「印象の言葉」など、いくらでも言い換えられる

悪口や嫌味というものは、往々にして、その人の「人格や性格」といったものに向けられやすいものです。たとえば、

「あなたは仕事はできるかもしれないけれど、ちょっと偉そうだよね」

といった具合です。

そして、この「ちょっと偉そう」といったように、自分の人格や性格に対して悪く言われると、言われた本人とすれば余計に腹が立ちますし、感情を乱されます。

しかし、ここでは発想の転換が必要です。

というのも、**「人格や性格に対する悪口」というものは「ポジティブな言葉」に言い換えることも容易**だからです。

「私が『偉そう』だって？　でも、まあいい。そう言われるのは、それだけ私には威厳があり、私が堂々としているということの証《あか》しだろう」というように、ポジティブな言葉に言い換えることができるのです。

「仕事ができるか、できないか」といったものは「事実」です。

「事実」は、他の言葉に言い換えるのは難しいものです。

しかし、一方で、「人格や性格に対する悪口」といったものは、その人の「印象」にすぎません。

「印象」とは必ずしも事実ではなく、もっとあやふやで抽象的な概念です。

そんな「あやふやなもの」は、自分自身で「ポジティブな言葉に言い換える」ということが容易なのです。

そして、ポジティブな言葉に言い換えて自分を納得させることができれば、他人から何を言われようが、あまり気になりません。

そうなれば、自分の「ご機嫌な生活」を、他人の悪口でかき乱されなくて済みます。

悪口を言われるのは、自分が「主役」である証《あか》し

◇「脇役」が何を言おうが、耳など貸さなくていい

劇作家として、また、歌人として活躍した人物に寺山修司《てらやましゅうじ》（20世紀）がいます。彼は、

「悪口の中においては、つねに言われてる方が主役であり、言ってる方は脇役であるという宿命がある」と述べました。

この言葉にある「主役」には、様々な意味があると思います。

たとえば、友人たちの間では、みんなから好かれ、もっとも人気がある人です。

また、職場では、バリバリ仕事をこなし、目覚ましい成果を出し、一番目立っている人です。

そのような人生や仕事などで「主役」である人に対して、時に、嫉妬心から悪口を

言いふらす人もいるのです。

芸能界やスポーツ界を見ても、人気の中心にある、いわゆる「主役」たちは、とかく、周囲から悪口を言われてしまうものです。

しかし、その悪口を言いふらす人は、「主役」ではありません。

むしろ、主役になりたくても、主役にはなれない人なのでしょう。

つまり「脇役」にすぎません。

寺山修司は、この言葉で、「そんな『脇役』に何を言われようが気にすることはない。自分が『主役』であることに自信を持って、堂々と『主役』の役割を演じ切ればいい」ということを説いています。

悪口を言われることがあったとしても、いい意味で開き直って、「それは私が『主役』である証《あか》しだ」と考えていればいいのです。

そのように楽天的に構えておくことも、上機嫌に暮らしていくための大切なコツになります。

周りに何を言われようが、自分のやるべきことに突き進む

◇自分にとって「もっとも大切なことは何か」を考える

オーストリアの精神科医であり、また、心理学者だったアルフレッド・アドラー（19～20世紀）は、

「陰口を言われても嫌われても、あなたが気にすることはない。相手があなたをどう感じるかは相手の課題なのだから」

と述べました。

他人が自分にどういう印象を持ち、自分に対してどのようなことを言うのかは、「相手の課題」だと、アドラーはこの言葉で指摘しています。

さらに言えば、アドラーは、「あなたには、あなた自身の『自分の課題』があるはずだ」ということを言っているのです。

では、その「自分の課題」とは何かと言えば、たとえば、

「自分の夢の実現のために一生懸命になって前進する」

ということです。あるいは、

「与えられた仕事を成功に導くために全力を出すこと」

ということでもあるでしょう。

アドラーは、この「他人の課題」と「自分の課題」とを分けて考えることが重要だ、ということを説いているのです。

もっとわかりやすく言えば、**「他人から何を言われようが、自分がやるべきことだけに集中し、それにまい進することが賢明だ」**ということです。

自分の陰口や悪口を言う相手のことなど、気にすることはない、ということなのです。

自分にとって「もっとも大切なことは何か」を意識して、何を言われようとも、まっしぐらになってそれを進めていくことが、上機嫌で生きるためには必要です。

不機嫌な人の悪口につき合って、自分まで不機嫌にならない

◇人から何を言われようが、自分は上機嫌を保っていく

人の悪口を言う人は、たいてい、不機嫌な顔をしているものです。

というのも「悪口を言う人」は、その人自身の人生がうまくいっていない場合が多いからです。

仕事が行き詰まっていたり、周りの人たちから嫌われていたり、夢を実現できないでいるのです。

そのために、すべてが順調で、上機嫌で生きている人の姿を見ると、否応なく嫉妬心を感じてしまうのでしょう。

そして、そんな上機嫌な人に対して意地悪なことを言ってしまいたくなるのです。

意地悪なことを言って、うまく言っている人の足を引っ張りたくなってしまうので

しょう。

そのような人生がうまくいっていない不機嫌な人につき合って、自分自身まで不機嫌になってしまう必要はありません。

あくまでも上機嫌を保ちながら生活していくほうがいいのです。

そのためには、悪口を言われることがあっても、上手に「受け流す」という能力を身につけておくことが大切です。

そして、他人の口から発せられる悪口を上手に受け流すには、

- **他人の口から出た「ネガティブな言葉」を、自分なりに「ポジティブな言葉」に言い換える。**
- **「人は人、自分は自分」と、悪口を言ってくる相手と距離を取り、自分はやるべきことに専念する。**

ということを心がけていくほうがいいと思います。

第8章 一日の生活の中で上機嫌でいる、こんなコツ

「スリー・グッド・シングス」で、ご機嫌な日々を過ごす

◇「良いことを三つ書き出す」という習慣を持つ

一日の生活の中では、腹立たしいこと、イライラすることを経験するのも事実です。

しかし、そのような生活環境において、機嫌よく暮らしていくコツもあります。

その一つが、**「スリー・グッド・シングス（three good things）」**というものです。

これはポジティブ心理学の言葉ですが、その内容は、

「良いことを三つ書き出す」というものです。

そして、このスリー・グッド・シングスを、毎日の習慣にするのです。

書き出すことは何でもいいのです。

「今日は、いい天気だった。気持ちのよい一日だった」

「夕食が美味しかった。作ってくれた奥さんに感謝」

「取引先に感謝された。仕事の励みになる」

このように、一日の生活の中で、気持ちがポジティブになるようなことを三つ書き出します。

そして、これを日々の習慣にします。

アメリカの大学の実験では、被験者にこのスリー・グッド・シングスを二カ月半ほど続けてもらったところ、日々の生活のストレスが約25パーセントほど減った、という結果が出たといいます。

ストレスは、人を不機嫌にする要素の一つです。

そういう意味では、「ストレス過剰な生活を送っている」という自覚がある人などは、このスリー・グッド・シングスを試してもいいと思います。

ストレスが軽減されるだけでも、機嫌よく生活していくことができるでしょう。

それにつれて、日々の生活が充実していきます。

「良いこと探し」の上手い人は、それだけ上機嫌で暮らしていける

◇日々の習慣にすることで、「良いこと探し」が上手くなる

「良いことを三つ書き出す」ということを日々の習慣にすることで、上機嫌に暮らしていけます。

とは言っても、「良いことがなかなか思いつかない」「良いことなんて何もない」という人もいるかもしれません。

そんな人は無理をせず、**たとえ一つでもいいから良いことを書き出してみる**ことをお勧めします。

大切なことは、**「毎日続ける」**ということなのです。

続けていくうちに「良いこと」を見つけるのが、だんだん上手くなってきます。

最初のうちは、良いことを一つしか書き出せなかった人でも、それが二つに増え、

その後には三つ書き出せるようになってきます。

また、日々の生活の中で、**「何か良いことはないか」という意識をいつも働かせながら暮らしていく**ようにもなります。

それが、いい意味での意識改革になるのです。

家事をしながら、職場で仕事をしながら、電車に乗りながら、散歩をしながら、いつも「何か良いことはないだろうか」ということを意識して生活していくうちに、何事に対しても気持ちがポジティブになってきます。

実際に、良いことを探そうと思えば、たくさんの楽しいこと、うれしいこと、愉快なことが見つかるものです。

そして、たくさんの良いことが見つかれば、それだけ上機嫌に過ごしていけます。

また、さらにポジティブ思考が身についた人は、「自分自身で良いことを作り出していこう」と、積極的に色々なことを試したり、挑戦したりする、というように発展していきます。

精神的にシビアな状態にある時は「普通にできたこと」を書き出す

◇「普通にできたこと」を書き出すだけでも、生きる勇気を得られる

「愛する人と別れることになった」あるいは「死別する」

「仕事を失って、生活に困っている」

「仕事で、とても難しい問題に直面している」

といったように、かなりシビアな精神状態にある人は、「良いことを三つ書き出す」といってもなかなか難しいものです。


この状態で、無理をして「良いこと探し」をやろうとすると、かえって逆効果になって、気持ちが落ち込んでしまう可能性もあります。

ただし、シビアな精神状態にある場合であっても「スリー・グッド・シングス」を続けることはできます。

この場合は、「良いことを三つ書き出す」ということにこだわる必要はありません。

そうではなくて、

「普通にできたことを書き出す」

「気持ちが楽になったことを書き出す」

ということを実践してみるのがいいと思います。

たとえば、

「今日は普通にご飯を食べられた。普通にお風呂にも入れた」

といったことを書き出します。

精神的にシビアな状況にある時には、このように「それまで普段やっていたことを、今日普通にできた」ということを確認するだけでも生きる勇気を得られるものです。

また、たとえば、

「久しぶりに仲のいい友人に会っておしゃべりをして、気持ちが楽になった」

といったことを書き出すことで、明日への希望が生まれることもあります。

夢や目標に近づいていく過程を「日々の楽しみ」にする

◇「日々の楽しみ」がないと、不機嫌になっていく

「夢や目標を持って暮らす」ということが、その人の人生を楽しいものにします。

そして、日々の生活の中で、夢や目標の実現に向かって少しずつでも近づいているということを実感することで、日々上機嫌で暮らしていけます。

ドラマの脚本家として活躍した女性に、橋《はし》田《だ》寿《す》賀《が》子《こ》（20～21世紀）がいます。

彼女は、**「一年に一度、海外旅行をする」**ということを夢、また目標にしていたといいます。

そして、旅行に出かける何カ月も前から、旅行先の情報を得るためにガイドブックなどを買ってきて、毎日少しずつ読んでいました。

また、大きな旅行カバンを用意して、それに毎日少しずつ旅行に必要なものを詰め

ていたそうです。

橋田さんは、このような旅行の準備を直前になってから一気に進めるということはなかったそうです。

かなり以前の段階から、少しずつ少しずつ進めていっていたのです。

なぜなら、そうすることで旅行の準備が「日々の楽しみ」になるからです。

また、日々の夢にしていること、目標にしていることに少しずつ近づいていることを実感することで、毎日を上機嫌に暮らすことができると考えていたのです。

いつも不機嫌な顔をしている人は、このような「日々の楽しみ」というものがないのかもしれません。

自分ならではの夢や目標を何か持ち、そして、その実現に近づいていくことを「日々の楽しみ」にするといいのではないでしょうか。

趣味を通して人と交流していくことで「日々の楽しみ」が増す

◇楽しみを共有する仲間との出会いを作ってみる

「趣味を持つ」ということも、その人にとっては「日々の楽しみ」となり、また、ご機嫌で暮らしていくためのコツになります。

ある女性はバードウォッチングが趣味です。

幸いに、結婚後は、自然豊かな土地に引っ越したので、周辺には野鳥がたくさんいます。

彼女は最初のうち、双眼鏡を片手に鳥を見に行くことだけを楽しみにしていました。

しかし、ある時から、「この趣味を共有して楽しむ人がいれば、もっと楽しくなるのではないか」と考えるようになりました。

そこで彼女が始めたのがユーチューブ（YouTube）です。

ユーチューブとは、個人や企業などが、不特定多数の人たちに動画の視聴を提供する、インターネット上のサイトです。

彼女は野鳥を撮影して、その動画をユーチューブに投稿するようにしたのです。

すると、その動画を見た人たちから、

「きれいな野鳥ですね」

「鳥の鳴き声に癒やされました」

といったコメントがたくさん届くようになりました。

その中には、毎回コメントを寄せてくれる人もいます。

インターネットを通してのことですが、そのような交流相手ができることによって、彼女はバードウォッチングを一層楽しむことができるようになった、と言います。

もちろん、彼女も日々、上機嫌で過ごしている人の一人です。

インターネットが発達したこの時代、このような形で、**趣味を通して人と交流していく**方法もあるでしょう。

「マインドフルネス」によって、ストレスと不安感を解消する

◇マインドフルネスによって、機嫌よく暮らしていける

日々機嫌よく暮らしていくための方法として、ポジティブ心理学では**「マインドフルネス」**を勧めています。

マインドフルネスとは、東洋的に言えば「瞑想《めいそう》」のことです。

このマインドフルネスには、様々なメンタル効果があることが知られています。

たとえば脳科学の研究では、マインドフルネスを実践することによって脳の働きが活性化し、ストレスや不安感といったものが軽減されることが知られています。

さらに、精神的に非常にリラックスし、幸福感も増していくのです。

そういう意味では、このマインドフルネスを毎日の習慣として取り入れてもいいでしょう。

このマインドフルネスの実践方法の一つに**「呼吸の瞑想」**と呼ばれるものがあります。

これは、自分の呼吸に意識を集中させる瞑想法です。

静かな環境で座し、軽く目を閉じます。

完全に目を閉じてしまう必要はありません。

そして、ゆっくりと呼吸を繰り返します。

呼吸は、基本的に、鼻呼吸、そして腹式呼吸です。

特に、息を吐き出す呼吸をゆっくりとします。

その上で、自分の呼吸に意識を集中させるのです。

そうすることで、心が無の状態になり、とてもリラックスしてきます。

「ゆっくりと呼吸する」ということは、精神を安定させる副交感神経の働きをよくするという効果があります。

「慈悲の瞑想」によって、その人の心が心地よいものに満たされる

◇瞑想によって「自分の幸せ」と「大切な人の幸せ」を祈る

マインドフルネスの実践方法の一つに、**「慈悲《じひ》の瞑想」**と呼ばれるものがあります。

これは、仏教に由来する瞑想法です。

まずは「呼吸の瞑想」によって心を静めます。

心が静まってきたら、まずは**「自分の幸せ」**を祈ります。

「私の人生が幸せに満ちたものでありますように」

「日々、機嫌よく暮らしていけますように」

「苦しみから逃れた平安な生活を送れますように」

などと、心の中で祈るのです。

次には**「大切な人の幸せ」**を祈ります。

「あの人が幸せでありますように」
「あの人の人生に幸運が訪れますように」
「あの人が心穏やかに過ごせますように」
というように祈ります。

そして最後には**「世界の平和」**について祈ります。

「この世から争い事が消えて、平和でありますように」
「この世のすべての人たちが幸せでありますように」
「生きとし生けるもの、すべてに幸《さち》がありますように」

このように慈悲の心を持って、自分、大切な人、世の中のすべての人たち……の幸せを祈ることで、自分自身の心に心地よい喜びが導かれるのです。

このような「慈悲の瞑想」を毎日の習慣にすることで、その人の心はポジティブなものになっていきます。

その結果、ご機嫌な日々を過ごしていけるようになるといわれています。

運動不足になると、不機嫌になりやすい

◇適度な運動が、人を上機嫌にする

適度な運動を気持ちよくすることは、人のメンタルに良い影響を与えます。

ストレス解消になり、また、気持ちが前向きになります。

自己肯定感がアップして、自信を持って生きていけるようになります。

ですから、適度な運動によって気持ちよくなった後は、人は自然にとても明るい、清々しい表情になります。

つまり、**適度な運動を日々の習慣にすることによって、上機嫌な生活を実現できる**のです。

逆に言えば、運動不足はメンタル面に様々な悪い影響をもたらします。

・気持ちが沈みがちになる。
・集中力がなくなる。
・イライラすることが多くなる。
・ネガティブ思考になりがちになる。

といったことです。

現代人は、どうしても運動不足になりがちになる傾向があるようです。

ある調査では、「かなり運動不足を感じている」という人は、全体の45パーセントにものぼりました。

また、「少し運動不足を感じている」という人と合わせると、80パーセントにもなったといいます。

そして、そのために不機嫌な生活を送っている人もいるのではないでしょうか。

そういう意味で言えば、「最近、運動をしていない」という自覚のある人は、上機嫌に暮らしていくためにも、適度な運動を心がけるのが良いと思います。

「顔を上げて生活する」と、気持ちがポジティブになる

◇うつむいていると、気持ちがますますネガティブになる

歌手の坂本九《さかもときゅう》（20世紀）のヒット曲に、「上を向いて歩こう」があります。

実は、この「上を向いて歩く」ということに、メンタル面で非常に良い影響があることがわかっています。

もちろん、上を向いて歩くとはいっても、足元が危なくなるくらい上を向いて歩くのはやめておくほうがいいでしょう。

そういう意味では、**「顔を少し上げて歩く」**と言っておくほうがいいかもしれません。

心理学で次のような実験がありました。

学生たちに、一週間「顔を少し上げて歩く」ということを心がけてもらいました。

その結果、それ以前に比べて「気持ちが前向きになった」「元気になった」「幸福感が増した」という学生が多かったというのです。

逆に「うつむき加減で歩く」ということを心がけてもらう実験もしました。

その結果は、「理由もなく、辛い気分になった」「ネガティブなことを考えるようになった」「暗い気持ちになった」という学生が増えたといいます。

人は、何か嫌な出来事があると、うつむき加減になりがちです。

しかし、そこで顔を下げていると、気持ちがますますネガティブなものになっていきがちなのです。

ですから、**嫌なことを経験した時こそ、顔を少し上げて生活するように心がける**のがいいと思います。

そうすることで、気持ちが前向きになってきます。

これも、上機嫌で暮らすコツです。

長時間スマホを見続けることで、気持ちがネガティブになる

◇スマートフォンから目を離し、顔を上げる

「スマホ首《くび》」という言葉があります。

スマホ、つまりスマートフォンの画面を見ている時、人はうつむき加減になります。

スマホの画面を見るために、長時間にわたって頭を下げて、うつむいたままでいると、首を痛めてしまうことになるのです。

それが、いわゆるスマホ首です。

確かに最近、電車に乗っている時など、頭を下げたままスマートフォンの画面を見ている人の姿をよく見ます。

また、歩きながら、うつむき加減になってスマートフォンの画面を見ている人もいます。

しかし、長時間「頭を下げる」「うつむき加減になる」という姿勢を取っていることの影響は「首」にだけ出るとは限りません。

そのような姿勢を取り続けることの影響は、その人のメンタル面にも表われることがあるのです。

というのも心理学では、「下を向く」ことで、「ネガティブな気持ちになる」という心理的な影響が出ることが知られているからです。

特に若い人たちが、一日の生活の中で長時間スマートフォンを見るという傾向があるようです。

そういう意味では、一時、**スマートフォンから目を離し、顔を上げて生活する時間を増やすように心がける**ことも大切だと思います。

「顔を上げる」ということには、気持ちがポジティブになる、という心理効果があります。

これも上機嫌で暮らすためのコツです。

第9章
上機嫌な人が日々やっていること

朝、上機嫌でいれば、その日一日中、上機嫌でいられる

◇朝、「その日起こる楽しいこと」をイメージしてみる

「初め良ければ、すべて良し」と、よく言われます。

何かをやり始める時、「初め」がうまくいけば、その後も物事はスムーズに流れていきます。

反対に、最初につまずいてしまうと、その後も何かとドタバタしてしまいがちです。

人の生活の中で「初め」といえば、それは「朝」ではないでしょうか。

朝目覚めてから朝食を食べて、仕事か学校へ出かけるまでの間、上機嫌でいることを努めることで、その日一日を上機嫌で過ごしていけると思います。

しかし反対に、その間に不機嫌な気持ちで過ごしたら、その日一日、その人はずっと不機嫌な顔をしながら過ごさなくてはならなくなるでしょう。

したがって、一日をご機嫌に楽しく過ごすためには、**「朝」**という**「その日の最初の時間帯」を上機嫌でいる**ほうがいいのです。

では、どうすれば、その日の朝を上機嫌で過ごせるのかといえば、その方法の一つに**「その日起こるであろう楽しいことをイメージしてみる」**というものがあります。

「会社に行けば、やりがいのある仕事が待っている。今日も楽しく働ける」

「学校に行けば、好きなあの人に会える。早くあの人に会いたい」

といったように、心がワクワクするようなことをイメージします。

そうすれば上機嫌で朝を過ごすことができ、「初め良ければ」の格言通りに、その日一日を上機嫌で過ごしていけます。間違ってもそこで、

「今日もまた何の面白みもない一日が始まるのか」

などとネガティブなことは考えないほうがいいでしょう。

そうなると不機嫌な気持ちで朝の時間帯を過ごすことになり、結果的に、その日一日中ムスッとした顔で暮らしていかなければならなくなるからです。

好きなことから始める習慣を持つ

◇「好きなこと」でスタートすれば、その日一日ご機嫌でいられる

「嫌気《いやけ》が差す」という言葉があります。

これは、「『こんなことをやるのは嫌だ』という気持ちになること」という意味です。

つまり、その人が持っている「気」、つまり「生きていくためのエネルギー」が「こんなこと、やりたくない。嫌だ」という叫び声を上げている状態です。

そのように「嫌だ」と感じることを、がんばって続けていても良いことはありません。

辛い気持ち、苦しい気持ちが増していくばかりでしょう。

そのために表情がますます不機嫌なものになってしまいます。

その結果、その日一日「嫌な気持ち」を引きずっていくことにもなります。

そんなふうに今日という一日を台無しにしないで済む方法があります。

それは**朝、まず「好きなこと」からその日の生活をスタートする**、というものです。

「好きなことをする」と、その人の体内でドーパミンというホルモンの分泌が盛んになるといわれています。

このドーパミンには、その人の「気持ちを明るくする」「やる気を出させる」といった効果があります。

ですから、たとえば、「散歩が好きだ」という人は、朝早く起きて散歩をするということを習慣にしてもいいでしょう。

「音楽が好きだ」という人は、朝一番で好きな音楽を聴いてもいいと思います。

そのようにして、上機嫌で一日の生活をスタートすることができれば、その後、たとえ嫌なことをやらなければならない場面に出会ったとしても、前向きな気持ちでそれに対応することができるのです。

「朝の三つの習慣」で、その日一日を機嫌よく過ごせる

◇朝日を浴びながら運動し、そして良いイメージをする

「セロトニン」というホルモンがあります。

このホルモンは別名「幸せホルモン」とも呼ばれています。

体内で、このセロトニンというホルモンの分泌が盛んになると、「私は幸せに暮らしている」という感情がアップします。

いわば、機嫌よく、その日一日を暮らしていけるのです。

したがって、日常生活の中で、このセロトニンの分泌を活性化させる工夫をすることが、上機嫌に暮らすための方法にもなります。

そしてそのポイントは「朝の過ごし方」にあるのです。

セロトニンの分泌を活性化させるための主な方法は三つあります。

・朝日を浴びる。
・適度な運動をする。
・良いことをイメージする。

まず、朝日を浴びることでセロトニンの分泌が活性化されます。

また、適度に体を動かすことによっても、このセロトニンの分泌が活性化されます。

そういう意味では、朝起床したら、外に出て軽い運動をするのが効果的です。

朝の散歩もいいですし、庭に出て体操をするのもいいと思います。

次に、「良いことをイメージする」ということです。

「今日、こんなことがあったらいいなあ」という良いことを頭の中でイメージしてみるのです。

そうすることで、楽しい気分になって、セロトニンの分泌が活性化されます。

そして、このセロトニンの効果によって、ますます幸福感が高まります。

その日一日を、上機嫌で過ごしていける準備が整うのです。

良い「信念」を持つことを習慣にすると、免疫力がアップする

◇ルルドの泉の奇跡の理由は「信念」にあった

フランスに**「ルルドの泉」**という場所があります。

キリスト教の巡礼地であり、また、世界中から多くの観光客が訪れる場所です。

このルルドの泉には、次のような伝説があります。

この泉がある洞窟《どうくつ》の近くに、ある貧しい少女が住んでいました。

ある日、少女が、洞窟で薪《まき》を拾っていると、一人の女性が現れて「そこの泉の水で顔を洗い、その水を飲みなさい」と言いました。

しかし、どこにも水が湧《わ》く泉はありません。

すると、その女性は、「そこの土を掘ってごらんなさい」と言います。

少女が言われた通り土を掘ると、水が湧き出しました。

その水は最初は泥水だったのですが、やがて清らかな聖水へと変わっていったのです。

それ以来、ルルドの泉の水には、「病気を治す力がある」という伝説が生まれ、フランスのみならず、世界中から多くの人が訪れるようになったのです。

また、このルルドの泉の水を飲むことによって、実際に「病気が治った」「病気が改善した」という経験を持つ人も多くいるようです。

では、なぜルルドの泉の水を飲むと、病気が良くなるのでしょうか？

そこには、単純に「水を飲む」というよりも、「病気が治る」という**信念を持つことが健康に良い影響を与える**のではないか、という指摘があります。

「病気が治る」と一心に信じながらルルドの水を飲むことによって、自然に免疫力が高まって病気が改善していく、ということなのです。

「お願い事」をする人は、上機嫌な老後を送っていくことができる

◇「長生きできますように」と祈ることで、本当に長生きできる

「祈る」ことは、健康面に様々な良い影響を与えることが知られています。

たとえば、キリスト教が普及しているアメリカでの調査に、次のようなものがあります。65歳以上の４０００人を超える人たちを対象にした調査です。

この人たちを「毎日祈りを捧げる」というグループと、「祈りを捧げない」というグループに分けて、その後の健康状態などを調べました。

その結果、「毎日祈りを捧げる」というグループの人たちのほうが、「祈りを捧げない」というグループに比べて、健康的に長生きする人の割合が多かった、という結果が出たといいます。

つまり**「祈る」ことを日々の習慣にすると、人の免疫力が強化されることを期待で**

きるということです。

その結果として、「いつまでも健康的に、上機嫌で暮らしていける」ことにつながります。

この「祈る」ということは、何も宗教的なことに限りません。単なるお願い事でもいいのです。

たとえば、日々の生活の中で、

「幸せになりますように」

「夢が叶いますように」

と、お願いするのです。

また、自分のことばかりではなく、

「両親が幸せでありますように」

「子供が夢を叶えられますように」

などと願うのです。

このように「お願い事をする」ということも、上機嫌のコツになります。

お気に入りの洋服を着るだけでも、精神的に良い影響を得られる

◇「お気に入りの洋服を着る」ことが、人を上機嫌にする

「お気に入りの明るい洋服を着て外出する」というだけで心がウキウキしてくる……という経験がある人も多いと思います。

お気に入りの洋服を着るだけで、上機嫌になれるのです。

実は、**「お気に入りの洋服を着る」ということが人間の精神面に良い影響を与えることは、科学的にも知られている**のです。

ある調査では、お気に入りの洋服を着る前と、お気に入りの洋服を着て外出した後で、その人のホルモンの状況にどのような変化が現れたかが調べられました。

その結果、

「ストレスホルモンが減る」

「気分が高揚《こうよう》するホルモンが増えた」という結果が得られたといいます。

そういう意味から言えば、日常生活の中で大いに「お気に入りの洋服を着る」ということを楽しむように心がけていくのがいいと思います。

お気に入りの洋服を着て、明るい表情となって、元気一杯で、上機嫌になる日々を多くするように心がけるのです。

お気に入りの洋服を着て食事に出かけたり、劇場に行くのでもいいでしょう。

お気に入りの洋服を着てコンサートに行ったり、展覧会を見に行くのもいいと思います。

そうすることで、生きていくことが一層楽しくなります。

人生の中で「上機嫌な日々」が増えていくのです。

「声を出す」ことによって、潜在的な能力が活性化する

◇声を出すと、「やる気が出ない状況」を解消できる

「声を出す」と、その人が持っている「気」の流れを活性化させます。

「気」とは、その人が持っている「生命エネルギー」のことです。

つまり「声を出す」ということで、その人の「生きる力」が活性化するのです。

興味深い実験があります。

子供たちに跳び箱を跳んでもらいました。

その際に、四段の跳び箱を跳べない子供たちを集めて、箱を飛ぶ時に「えい！」「やっ！」といった掛け声を出してもらうようにしたのです。

そうすると、多くの子供たちが四段の跳び箱を跳べるようになった、と言います。

中には、六段の跳び箱を跳べるようになった子もいました。

次のような実験もあります。

プロのゴルファーを集めて、ボールを打つ際に「えい！」「やっ！」という声を出してもらうようにしたのです。

その結果、声を出すことによって、従来よりも飛距離が伸びたゴルファーが多かった、というのです。

これらの実験結果は、**「『声を出す』ということには、その人が持っている潜在力を高める効果を期待できる」**ということを示しています。

そういう意味から言えば、もしも「どうも、やる気が出ない」といった時には、自分自身に対して、「がんばろう」「やるぞ」といった声かけをしてもいいでしょう。

「声を出す」ことによって、その人が持っている「気」が活性化して、やる気が出てくる、ということもあると思います。

これも上機嫌に、積極的に暮らしていくための生活のヒントになるでしょう。

自分に「気《き》合《あい》」を入れて、やる気を導き出す

◇声を出して自分に気合を入れれば、持っている力を発揮できる

自分に**「気《き》合《あい》を入れる」**という言い方があります。

この「気合を入れる」という言葉は、「やる気をふるい立たせる」ということを意味しています。

また、「気合を入れる」とは、その人が持っている「気」、つまり「生命エネルギー」を活性化させる、ということでもあります。

ところで、「気合を入れる」という時、人は一般的に、どういうことをするのでしょうか。

多くの人がやっているのが**「声を出す」**ということではないかと思います。

「がんばるぞ」

「やってやるぞ」

「負けないぞ」

といった言葉を声に出して、自分に言い聞かせるのです。

この「声を出す」ということが、その人が持っている潜在的な「力」を活性化させることに効果があるのです。

高校野球の選手たちが円陣《えんじん》を組んで、みんなで一緒に「ヨシッ！」という大きな声を上げて、自分たちに気合を入れている光景を見ることがあります。

あれも「大きな声を出す」ということで、自分たちが持っている能力を十分に引き出そうとしているのでしょう。

「積極的にがんばらないといけない状況なのに、どうもやる気が出ない」という時があります。

そんな時には、「がんばろう」と声に出して、自分自身に気合を入れてみてもいいと思います。

人と話をする機会が減ると、老化が早まってしまう

◇人づき合いを増やして、上機嫌な老後を送る

一般的に「人づき合いの少ない高齢者」は「人づき合いが多い高齢者」よりも認知症になる可能性が高いといわれています。

「人づき合いが少ない」とはどういうことかといえば、それは「人と話をする機会が少ない」ということを意味しています。

そして、それは「声を発する機会が少ない」ということでもあります。

一方で、人づき合いが盛んな人は、人とよく話をします。

すなわち、一日の生活の中で、声を発する機会が多いのです。

実は**「声を発する」ことには、「脳が活性化する」という効果がある**ことが知られています。

つまり、人づき合いが盛んな人は、それだけ人と話をする機会が多く、声を発することによって若々しい脳を保っていると言えます。

脳が若々しいと、「もっとたくさんの人と知り合いになりたい」という積極的な気持ちが出てきます。

そして、もっとたくさんの人たちと知り合うことができれば、そこでまた「声を発する」という機会が増え、脳もますます若返っていくのです。

「人づき合いを増やす」「人と話をする機会を多くする」ことで、そのような好循環が生まれます。

一方で、「人と話すことが少ない」「声を発する機会が少ない」と、脳の働きの衰えを早めてしまう可能性があります。

老後になっても、いつまでも若々しく、上機嫌で暮らしていきたいと望んでいる人は多いと思います。

そのような人には、参考になる話ではないでしょうか。

元気に明るくカラオケで歌を歌って上機嫌な日々を送る

◇カラオケによって、病気への抵抗力が高まる

「カラオケで歌を歌う」ことは、心と体の健康にとても良いことがわかっています。

まず、カラオケで元気に歌うと、ストレス解消になります。

気持ちが明るくなって、それだけで上機嫌になれるのです。

また、カラオケで歌うことは、深い呼吸を伴います。

これは深呼吸を繰り返すのと同じで、精神的に落ち着く効果があります。

その他にも様々な健康効果があり、それらを列挙すると次のようなものがあります。

・歌うことで大量の酸素が体内に取り込まれ、免疫力が高まる。

・ナチュラルキラー細胞（がん細胞を攻撃する）が増えて、がん予防になる。

・唾液の分泌量が増えて、病気の感染予防になる。

・喉《のど》が鍛えられて、食べ物を飲み込む能力が高まる。
・声が年を取らない。いつまでも声が若々しい。
・横隔膜が動くので、内臓の適度な運動になる。

さらに、昔の懐かしい曲を歌えば、それに伴って、その歌が流行していた当時のことが色々と思い出されます。

この回想効果によって心が若返り、認知症の予防にもつながると言われています。

そういう意味から言えば、「歌う」ことを日々の習慣にしても良いと思います。

これも上機嫌に生活するコツになるでしょう。

また、このような効果から、カラオケは健康寿命を延ばすことも期待されます。

ただし、カラオケが苦手な人は、無理に歌うと、かえって逆効果になる可能性がありますので注意が必要です。

また、多くの人の目を気にしないで済むカラオケボックスで歌うほうがいいと思います。

満員電車の中で、人はなぜ不機嫌な顔になってしまうのか

◇公園など広々とした場所に身を置いてみる

満員電車に押し込められている人の顔を見ると、一般的に、不機嫌そうな顔をしている人が多いように思います。

では、なぜ人は満員電車の中にいる時、不機嫌な表情になってしまうのでしょうか。

その原因の一つには、「パーソナル・スペース」が関係していると思われます。

パーソナル・スペースというのは、心理学の言葉です。

人は、一定以上、他人に近寄られると不快に感じる空間領域を持っています。

それが、パーソナル・スペースです。

満員電車の中では、人は体をくっつけあうようにしていますから、このパーソナル・スペースを侵《おか》されて不快感をおぼえている人が多いのです。

その不快感が、人を不機嫌にします。

人によっては、満員電車での不快感を引きずったまま会社に行き、仕事をしながらもずっと不機嫌な顔をしている人もいるかもしれません。

一方で、公園のような広々とした場所にいると、清々しい気持ちになる、という経験のある人もいると思います。

そういう意味では、毎日満員電車に揺られて通勤している人は、たとえば昼休みに公園など広々とした場所に身を置くように心がけるのもいいと思います。

あるいは、会社の屋上に出て、広々とした空を眺めるのもいいでしょう。

また、机の上に、広々とした草原などの風景写真を飾っておいて、それを眺める、というのも効果的です。

そうすることで、満員電車の中で心の中に蓄積した不快感を解消することができます。

そして、清々しい気持ちで、上機嫌で仕事ができるようになります。

うるさい騒音が、人を不機嫌にしてしまう

◇静かな環境に身を置くことで、精神的にリラックスする

「音」というものが、人のメンタル面に影響を与えることがあります。

特に、人に悪い影響を与えるのが「騒音」です。

集中して仕事や勉強をしなければならない時、外から騒音が聞こえてきたり、周りにいる人たちが騒いでいると、気持ちがイライラしてきて集中力を削《そ》がれる、といった経験がある人もいると思います。

一般的に、騒音は、人の精神面に次のような影響があると言われています。

・イライラしてくる
・不安感が増す
・無力感をおぼえるようになる

などです。

現代社会には、電車、自動車やオートバイ、飛行機、工事、人の話声、楽器の演奏など様々な騒音が満ちあふれています。

特に、都会で生活している人は、騒音に悩まされる機会も多いのではないでしょうか。

そして日々、騒音に取り囲まれた生活をしているうちに、知らず知らずのうちに不機嫌になって暮らすようになってしまうのです。

そういう意味では、**機会を見つけて、静かな環境に身を置くように心がける**のが良いと思います。

「静寂」というものは、人のメンタルに良い影響をもたらします。

具体的には、

・リラックスできる

・集中力が増す

ということです。

人の幸せを願うことで、自分自身が幸せな気持ちになれる

◇相手の幸せを願う手紙を書いてみる

「人の幸せを願う」ことで、その人自身の幸福度がアップすることが、心理学の研究で知られています。

アメリカの大学で、次のような実験が行われました。

実験の参加者には、大学の構内を散歩してもらいます。

その際、すれ違った人たちに対して、次のようなことを考えてもらいます。

・グループAの人たちは、「あの人に幸せになってほしい」と考える。
・グループBの人たちは、「あの人と自分とに何か共通点があるだろうか」と考える。
・グループCの人たちは、「あの人より自分のほうが優れている」と考える。
・グループDの人たちは、すれ違った人の服装や持ち物について考える。

さて、実験の後、このグループA～Dの人たちについて、どのような心理の変化があったかが調べられました。

その結果、グループAの参加者の多くが、「他人の幸せを願うことで、自分も幸せになった気がする」と答えました。

また、グループB～Dの人たちについては幸福度に関して、そのような変化はなかったといいます。

このような実験の結果から、ポジティブ心理学では**「他人の幸せを願う手紙を書く」**ことを勧めています。

結婚が決まった友人や、定年退職する父親などに、幸せを願う手紙を書くのです。

それによって自分自身の幸福度がアップし、上機嫌に暮らしていけるのです。

植西聰（うえにし・あきら）

東京都出身。著述家。
学習院高等科・同大学卒業後、資生堂に勤務。独立後、人生論の研究に従事。
独自の『成心学』理論を確立し、人々の心を元気づける著述活動を開始。
一九九五年（平成七年）、「産業カウンセラー」（労働大臣認定資格）を取得。

○主な著書（ベストセラー）

・折れない心をつくるたった１つの習慣（青春出版社）
・平常心のコツ（自由国民社）
・「いいこと」がいっぱい起こる！ブッダの言葉（三笠書房）
・マーフィーの恋愛成功法則（扶桑社文庫）
・ヘタな人生論よりイソップ物語（河出書房新社）
・「カチン」ときたときのとっさの対処術（ＫＫベストセラーズ・ワニ文庫）
・運がよくなる１００の法則（集英社・be文庫）
・運命の人は存在する（サンマーク出版）
・願いを９割実現する マーフィーの法則（ＫＡＤＯＫＡＷＡ）

○近著

・なんだか毎日うまくいく１００のヒント（青春出版社）
・今日の自分を強くする言葉（青春出版社）
・くじけない心のつくりかた（あさ出版）
・心の免疫力（笠間書院）

上《じょう》機《き》嫌《げん》のつくりかた

二〇二四年（令和六年）五月二十七日　初版第一刷発行
二〇二四年（令和六年）十月二十四日　初版第二刷発行

著　者　植西 聰
発行者　石井 悟
発行所　株式会社自由国民社　https://www.jiyu.co.jp/
東京都豊島区高田三―一〇―一一　〒一七一―〇〇三三
電話〇三―六二三三―〇七八一（代表）

造　本　JK
印刷所　八光印刷株式会社
製本所　新風製本株式会社